长三角教育科研丛书

# 失败与创新

## 让学生敢于创新的 15 种样态

汤林春　吴宇玉 ◎ 主编

华东师范大学出版社
·上海·

图书在版编目(CIP)数据

失败与创新:让学生敢于创新的 15 种样态/汤林春,吴宇玉主编. —上海:华东师范大学出版社,2023
(长三角教育科研丛书)
ISBN 978-7-5760-4247-4

Ⅰ.①失… Ⅱ.①汤…②吴… Ⅲ.①创造教育-文集 Ⅳ.①G40-012

中国国家版本馆 CIP 数据核字(2023)第 207551 号

长三角教育科研丛书

失败与创新:让学生敢于创新的 15 种样态

主　编　汤林春　吴宇玉
策划编辑　彭呈军
责任编辑　白锋宇
责任校对　胡方逸　时东明
装帧设计　卢晓红

出版发行　华东师范大学出版社
社　　址　上海市中山北路 3663 号　邮编 200062
网　　址　www.ecnupress.com.cn
电　　话　021-60821666　行政传真 021-62572105
客服电话　021-62865537　门市(邮购)电话 021-62869887
地　　址　上海市中山北路 3663 号华东师范大学校内先锋路口
网　　店　http://hdsdcbs.tmall.com

印　刷　者　常熟高专印刷有限公司
开　　本　787 毫米×1092 毫米　1/16
印　　张　14.5
字　　数　191 千字
版　　次　2023 年 11 月第 1 版
印　　次　2023 年 11 月第 1 次
书　　号　ISBN 978-7-5760-4247-4
定　　价　48.00 元

出版人　王　焰

(如发现本版图书有印订质量问题,请寄回本社客服中心调换或电话 021-62865537 联系)

# "黄浦杯"征文组委会

**主　任**

徐士强　郭金华

**副主任**

俞晓东　刘大伟　奚晓晶

**委　员**（以姓氏音序排列）

| | | | | | | | |
|---|---|---|---|---|---|---|---|
| 鲍冬生 | 陈　杰 | 陈素平 | 陈玉华 | 陈越阳 | 程　勇 | 丁　杰 | 丁　馨 |
| 冯　吉 | 高　瑛 | 韩志祥 | 胡唐明 | 季　恒 | 江　平 | 李　霞 | 李惠新 |
| 刘俊利 | 刘伟超 | 卢廷顺 | 吕洪波 | 马　骏 | 沈忠峰 | 谭庆仁 | 汤林春 |
| 唐春萍 | 王俊山 | 王丽琴 | 吴宇玉 | 肖连奇 | 谢英香 | 杨姣平 | 叶鑫军 |
| 俞冬伟 | 张海峰 | 张肇丰 | 赵凌云 | 赵新鸿 | 郑丽丹 | 周　明 | 周逸君 |
| 朱军一 | 朱林辉 | | | | | | |

**本书编委会**

**主　编**

汤林春　吴宇玉

**编　委**（以姓氏音序排列）

汤林春　吴宇玉　徐士强　张提舒可　张肇丰　周　明

# 目录

前言 001

**第一章 认知转变：创新思维如何生成** 001

1. 有效失败：思辨性阅读教学的创新底色 003
2. 用心"思败"，十分钟也精彩——主题教育导入环节的情境设计与创新反思 014
3. 自然角里的生机——利用"有效失败"培养幼儿创新思维的实践 024
4. 公开课失败后，寻找"听"得见的数学思维 040

**第二章 课程开发：创新素养何以承载** 055

5. 基于 PBL 理念的校本课程开发的创新意义与失败学习——以"地域视野下的文学作品研读"为例 057
6. 静候失败，安待创新——在历史剧创作中探索创新素养的培育路径 075
7. 从"创伤"走向"创新"——"缑城记忆"文化体验课程建构的转型方式探究 090

### 第三章　学科实践：课堂创新的无限可能　　105

8. 棠棣同馨　突破与创新并茂——由"失败"引发的作文自改教学新路径的设计与实践　　107
9. 经历失败体验　创新微型实验——以氢氧化亚铁制备实验的微型化改进为例　　123
10. 从"信笔涂鸦"到"妙笔生花"——巧用一篇"失败"的习作激活创新写作思维　　134
11. "有效失败"中的自我"焕新"——以高一语文戏剧节学习活动为例　　148
12. "失败"的种子，开出别样的花　　160

### 第四章　边界打破：深层创新的意外选择　　171

13. 打破边界的惊喜——从"她的历史"主题策展活动谈起　　173
14. "这个第二名，来得好！"——一次跳绳比赛引发的创新教育之思　　190
15. 失败中孕育创新：一场拯救植物之旅　　203

**后记**　　216

# 前言

本次"黄浦杯"征文活动已是第二十届,由于是逢十,就具有特别的纪念意义。作为合作主办方,黄浦区教育局很想结合该区多年来开展的创新教育实验选择征文主题。众所周知,创新是一个民族进步的灵魂,是一个国家兴旺发达的不竭动力。创新素养培育和创新人才培养是教育的重要任务,但长期以来,由于诸多因素的影响,教育领域中有关创新素养与实践能力培养的要求并没有很好地落地。党的二十大着眼于"世界百年未有之大变局""中华民族伟大复兴"两个大局,将创新、科技和人才发展战略统筹考虑,明确提出"着力培养拔尖创新人才"的要求,再次将创新素养培育和创新人才培养的话题推到风口浪尖。因此,这个方向很符合当前的改革趋势。但只有方向还是不够的。长三角"黄浦杯"征文的主题,一方面要符合教育改革大势,引领改革方向,另一方面要接地气,具有实践性与可操作性,让普通中小学幼儿园的校(园)长、教师都有话可写。基于此,《上海教育科研》杂志编辑部的老师们与黄浦区教育局、黄浦区教育学院的领导、专家及部分上海市知名专家开了一个正式的策划会。同往届一样,起初大家在众多选题中难以取舍,只好先搁置。后来,张肇丰副主编给我看了一篇浙江大学刘徽教授有关"有效失败"的文章,让我坚定了"失败与创新"的选题。征文主题确定后,不解者有之,赞成者有之,但总体而言,大家还是认同的。黄浦区教育学院院长奚晓晶女士用"惊诧、惊异、惊喜"三个词来描述自己的感受,我们权且借用一下来阐述本书的旨趣。

"惊诧"在于，在今天教育领域特别强调正面教育、鼓励教育和成功教育等理念的大背景下，似乎"失败"与教育无关，似乎"失败"是一件不光彩的事，所以对将"失败"与"创新"联系起来就觉得十分意外。这大概反映了当今教育的一个侧面，那就是过分强调正面教育的价值，基本忽视挫折、失败的教育价值。固然，正面教育在引导正确方向、固化有效行为、树立学生自信心等方面有其优势，但许多研究也发现，学生往往能在反复试错中更深刻地理解知识的意义，更牢固地掌握实践技能，更好地形成意志品质。正面教育与挫折教育是教育的两面，都有其重要的育人价值，但今天人们似乎更忌讳谈失败与挫折。人们可能有一个比较堂皇的理由，那就是强调正面教育是为了促进学生心理健康发展，但必须追问的是，没有经历过挫折的心灵就健康了吗？要知道，温室里的花朵往往是弱不禁风的。美国心理学家约瑟夫·布尔戈（Joseph Burgo）在《超越羞耻感：培养心理弹性，重塑自信》中写道：我们能做的最好的事情，就是承认自己的错误，而不苛待自己，从错误中吸取教训，并努力在下次做出更好的选择。这样的人才能真正具有自尊与自信。

"惊异"在于，失败不仅具有重要的教育价值，而且对于创新是不可或缺的。"失败"既锤炼创新所需要的坚韧品质，塑造创新精神，又是创新的必然过程，是创新的重要来源。今年四月，美国太空探索技术公司 SpaceX 新一代可重复使用运输系统"星舰"进行首飞时，发生爆炸，任务失败，引起了广泛的关注和讨论，但马斯克本人却坦然面对。当很多人悲观失望时，他反而认为这次失败的价值不小，因为他通过失败收集了许多珍贵的数据。这展现了他面对失败时的谦逊与勇气。大家对爱迪生创造发明的故事耳熟能详，如他在发明灯泡的过程中，试了 1 000 多种灯丝，但都失败了。他的助手对他说，你已经失败了 1 000 多次，希望渺茫，还是放弃吧。但他却说，现在收获不少，至少知道了这 1 000 多种材料不能做灯丝。然后，他又反复尝试新的材料，经过不懈努力，终于在试了 6 000 多种材料后获得了成功，创造了灯泡这一造福全世界的新事物。1959 年，本田公司的小马力摩托车进入美国市场时,遭遇惨败。本田公司高层在分析日美的文化及环境差异后,迅速转换方向,生产适应美国环境与文化的新产品——高性能自行车,结果获得成功。本田公司创始人本田宗一郎曾说过,许多人梦想成功,其实成功只能通过反复的失败和反思才能得到,成功是你工作的1%,而剩下的99%都是失败。为什么"失败"与创新相伴随呢？因为创新是一种突破常规,发现或产生某种新颖、独特、有价值的新事物、新思想的活动。突破常规,新颖的事物,意味着相对于创新者而言没有现成的经验与先例可资借鉴,只能靠自己反复探索与尝试。鉴于此,一个具有创新意义的成果的产生,并非一蹴而就,往往需要经历长期的点滴积累和曲折的探索过程,在有所发现、有所突破的基础上不断改进、完善和应用。因此,失败是创新的常态,与创新过程相伴随。"失败"不仅与"创新"关系密切,而且是创新的必经过程,创新不是要不要失败的问题,而是如何正视并利用失败。

"惊喜"在于,一旦确认了"失败"的价值,不但教学改革有了新路向,学生创新素养培育的思路也豁然开朗。需要注意的是,不是说"失败"具有重要的教育价值,我们就要以"失败"为目的。事实上,我们不以"失败"为目的,也不以"失败"为荣,而是要通过对"失败"的转化,锤炼学生的精神品格,促进学生对知识的深刻理解,形成更多的新思路,收获更多的新成果。对于创新素养培育而言,"失败"可以引发我们对育人方式变革的整体思考。在课程实施上,不是简单地传授结果性的知识,而是可以挖掘学科知识的生成过程,因为知识生成的本质就是知识的创新,无一不经过艰难的探索,对这一过程的理解,本身就能培养学生的创新思维与创新方法,涵育学生的创新精神;同时,也可以挖掘名人名家取得辉煌成就背后的故事,名人名家取得创新性成果的背后,必定经历过艰难挫折,这些内容无疑是培养学生创新精神的绝佳养料。在教学实践上,不是传授标准答案,钳制学生的奇思妙想,而是要创造宽松的氛围,不要歧视学生的失败,不要忽视学生的失败,要将学生的失败当作珍贵的教育资源,让学生敢疑、能疑,让学生敢问、能问,让学生敢尝试、能尝试，让学生不怕失败、直面失败；要善于利用学生的失败，引导学生反思失败，寻找改进的办法，产生新的思路，寻找新的路径，创造新的成果；要适当创造失败的机会，让学生在经历失败的过程中体验失败的情绪，找到走出困境的办法，养成不怕失败、敢于挑战的坚韧品格，让学生在经历失败的过程中，学会突破惯习，打开新思路，找到新法子，形成创新思维，提高创新能力。在综合实践上，不是只有活动，没有探究，只有教师的忙碌，没有学生的参与，而是要充分利用学生的学科实践、跨学科学实践和综合实践活动，放手让学生在真实情境中发现问题、分析问题、解决问题，并创新性地呈现问题解决的成果，让学生真实地参与进去，使他们获得真实的探索体验。在学校管理上，不是站在成人的角度进行管制，而是要改革评价制度，优化考试评价制度，不以成败论英雄，以学生在学习过程中表现出来的创新态度、创新思维、创新能力和创新精神作为观察点，引导学生形成创新的关键能力与必备品格；要优化学校的环境氛围，在物质条件方面提供有利于学生创新的空间与时间，在文化上要形成有利于学生创新的价值观与制度，保护和引导学生的创新行为。

总体而言，一要营造正视失败、包容失败的氛围，引导师生树立正确的失败观，意识到失败是常态，失败并不可怕，关键是如何面对失败；二要促进失败的转化，如果出现了失败，不认真反思，不从失败中吸取教训，不从失败中找到改进的办法，不能从失败中站起来，那失败就失去了教育意义，也不会产生创新的价值；三要适当创造失败的机会，教师在教学过程中，可根据教学的需要主动设计失败场景，促进学生对知识形成更深刻的理解，引导学生产生创新思维与行为，应用得好，往往能获奇效。

事实上，本次征文活动刚开始时，我们多少有些不安。一方面，由于疫情，我们不能进行大范围辅导，对校（园）长和老师们能否准确把握这一选题心里没底；另一方面，我们也听到一些校（园）长反映，说本次征文题目比较难，破题不易。截稿后,我们确实发现有一些文章跑题了。评审中,专家们也挑出了不少质量不高的文章。但令我们惊喜的是,在收集到的征文中还是有不少精品力作,呈现在读者面前的15篇文章,就是从本次征文的25篇一等奖文章中精选出来的。这15篇文章涵盖了课程设计、教学改革、学科实践和管理探索等方面,涉及幼儿园、小学、初中和高中等学段,既有经验总结,也有生动案例,具有一定代表性。这些文章带着实践的智慧、泥土的芬芳,是长三角的校(园)长和老师们的真实实践与真实体验。这有力地说明,"失败与创新"不是一个臆想的命题,而是有着厚实的实践基础,是教育的真实存在!本次征文只不过是把长期遮蔽这一现象的幕帘掀开了一角,让它显露了部分真容。期望以此为契机,引起大家的注意,并请有志者继续探索下去,逐步揭示学生创新素养培育的真谛。

也许,当人们能真正包容失败、正视失败、善用失败时,创新的春天才会真正到来。

汤林春

上海市教育科学研究院普通教育研究所

第一章

# 认知转变：创新思维如何生成

教育创新对每个人、每个国家都非常重要。人类教育一刻也不能停止创新。因此,创新在教育中应置于核心地位。教育者必须成为一个不断学习和创新的个体。只有这样,教育体系才能保持不断变革和拥抱未来社会的能力。

教育创新是一项持续的事业。如果教育不能持续创新,国家就不可能可持续发展。所以,必须通过创新推动教育与时俱进。但推动教育创新必须依靠多方力量,我们必须整合所有资源和创新成果,并将它们放在教育生态系统之中。

(刘坚,魏锐,郑琰,等.《5C核心素养:教育创新指南针》.北京:教育科学出版社,2021:序2.)

## 1. 有效失败：思辨性阅读教学的创新底色

《义务教育语文课程标准（2022年版）》首次提出了"思辨性阅读与表达"这一学习任务群。思辨性阅读，是以思辨为主要特征的阅读方式，"通过阅读、比较、推断、质疑、讨论等方式"，旨在让学生"保持好奇心和求知欲"，养成"勤学好问的习惯"，培养"理性思维与理性精神"。思辨性阅读教学对学生思维发展的重要性不言而喻。那么，思辨性阅读教学究竟培养与提升学生哪方面的思维呢？对此，新课标"课程总目标"的第7条有明确的阐述："乐于探索，勤于思考，初步掌握比较、分析、概括、推理等思维方法，辩证地思考问题，有理有据、负责任地表达自己的观点，养成实事求是、崇尚真知的态度。"显然，思辨性阅读相较于传统阅读，主要致力于培养学生阅读的态度、技巧与思维的辩证性，其核心是锻造学生的逻辑思辨能力、理性精神和反思品质，其追求的实质是"合理即存在"。

但在实践中，思辨性阅读教学存在着思维浅层化、一味追求完美课堂的现象。"追求形式上完美的课堂，过早地给学生提供各种类型的支架，这样通常会对学生探究及创造力的培养造成障碍。"加之学生认知水平的发展特征及局限性,教学中必定会出现偏差乃至失败。失败,尤其是有效的失败,是促进教师教学改善、学生学习提升的价值"因子"。作为学生的引导者,教师应该及时发现失败,允许失败的存在,锚定失败,反思失败,在失败中有所启发、有所收获、有所创新,助力学生加强思辨思维能力,最终促进学生语文核心素养的发展与提升。因此,笔者不揣浅陋,结合自己的阅读讲评课——《男孩和蟋蟀》一文的教学,例谈小学语文思辨性阅读教学在失败中创新的路径与策略。

## 一、发现失败:及时叫停,转向思辨思维之轨

在"双减""双新"背景下,如何进行思辨性阅读教学,是一个亟待探索与解决的问题。思维是思辨性阅读教学的催化剂与助燃器,思辨性阅读教学需要思维的深度参与。如何提升学生的思辨性阅读思维呢?以教学第1题为例。

1. 第一自然段中的"有些特别"指的是:(　　)
A. 男孩看起来不像七八岁的样子。
B. 男孩穿的衣服有些旧,但格外整洁。
C. 男孩对老板娘说话的时候彬彬有礼。
D. 男孩身形瘦小,衣着整洁,表情忧郁。

师:这道题有人选D,有人选B,甚至还有人选A或C,遇到这种题目的时候,你是怎么做的呢?

生:在题干中圈出"有些特别"。题目中说"第一自然段中的'有些特别'",我们就去第一自然段中找。

师：第一自然段中有哪些"特别"呢？（请学生读第一自然段。）

师：请问这里的"有些特别"，你能概括完整吗？（在学生回答的过程中，圈画"又瘦又小""有些旧了，但格外整洁""忧郁的表情"。）

师：将这三个要素都包含在内，才能让我们看出他的"特别"。好，现在让我们去找答案。A完整吗？B有涉及但不够完整。C不对。D选项写了身形瘦小、衣着整洁、表情忧郁这三个方面。哎，这和我们圈画出的关键内容是不是比较一致？（重点讲"有些旧了，但格外整洁"这一句虽然写的是衣服旧了，但强调的是衣服的整洁。）

讲完这道选择题，我发现，因为分析讲解得太多，所以学生们处于被动接受的状态，缺少自主思考与发现的过程，导致他们的思维参与度低，并没有达到预期的教学目标——习得阅读方法，提升思辨能力。这无疑是一次失败的教学。我重新思考和检视：阅读方法如何习得？怎样做才能调动学生的思维，让其思维在场，从而有效开展思辨性阅读教学呢？

这时一位学生发言："比较四个选项中的不同，看哪个更准确不就能选出正确答案了吗？"学生的发言点醒了我。那一瞬间，我有一种"柳暗花明又一村"的感觉。这个发言的内容含金量很高，蕴含了思辨性阅读教学的妙方。先前，我陷入了传统阅读教学的思维惯性中，以"教"为中心，留给学生的思维空间过窄，也忽视了对学生思辨思维的引导和阅读方法的指导，导致他们的思维水平不但没有得到提升，反而走了"下坡路"。其实，让学生习得阅读方法的过程就是让其思维历经"辨"与"辩"的过程。于是，我不再继续教授原先预设好的内容，转向"教方法""教思维"的理性轨道，提高学生自主思辨的能力，助力其思辨思维品质的建构与提升。

## 二、锚定失败：聚力"辨""辩"，迈进思辨思维之场

由前文阐释可知，思辨性阅读教学的核心在于唤醒学生的理性思维，并使其在后续的学习与生活中，能够有效支配自己的理性意识。因此，在发现失败的基础上，锚定失败，在真实自然的教学生态中激活学生的思辨思维。以教学第2题为例。

2. 下面对第14自然段的概括，最准确的一项是：（    ）
A. 人们都很可怜男孩，用各自的方式帮助了男孩一家。
B. 老板娘被男孩感动，让人把钱和字条送给男孩妈妈。
C. 人们都很可怜男孩，纷纷把钱送给了男孩的妈妈。
D. 人们被男孩感动了，用各自的方式帮助了男孩一家。

师：我们先来读一下题。（生读）出题人真贴心，提醒我们要找出最准确的一项。（圈画"最准确"）做题时，选项中最让你难以抉择的是哪些地方？
生1：是可怜还是感动。
生2：是人们还是老板娘。
（教师根据学生的回答在题中圈画）

**"可怜"对比"感动"**
师：我们先回到文中去判断是"可怜"还是"感动"，然后来谈谈你的思考。
生：我觉得是可怜。
师：你能在文中找到依据，证明你的观点吗？

生:小男孩的爸爸去世了,妈妈还要还欠下的债,经常流泪。

师:大家同意他的观点吗?

生:我不同意,从第 14 段字条上的内容"您的孩子有一颗追求美好生活的心,终有一天会让您感到骄傲和自豪的"中可以看出是感动。

师追问:你从哪里读出了感动?

生:小男孩的生活很贫穷,但他仍然有着美好的品质,这种品质让人很感动。

师:通过找依据,比一比,到底是可怜还是感动?(感动)

师:其他人同意吗?

### "人们"对比"老板娘"

师:刚才我看到你们难以抉择的还有什么?

生:只有老板娘做出了行动。

师:你同意吗?

生:不同意。(学生上台圈画)这一节中,还有雅克和小伙子两个人。雅克想把所有的钱送给男孩妈妈,还写了一张字条;小伙子把钱和字条送给了男孩妈妈。

师:现在你们明白了吗?所以这道题应该选 D。

师:回顾刚才的做题过程,我们是怎么选出正确答案的?

生:对于难以抉择的选项,一定要到文中找到依据,不要瞎猜。

生:我们还要比一比,哪个选项更准确。

师:刚才我们通过思维碰撞,了解到从这种记叙的文章中提取信息时,要到文中圈一圈、找一找;当选项中出现相近内容、令人难以定夺的时候,我们可比一比。这就是做阅读的方法。

**(一) 洞察"错误"——精心设问,深度唤醒思辨思维**

问题是思辨性阅读教学的起始点,是点燃学生思维火花的利器。因此,我们应该精心设计具有思辨性的问题,营造温和开放的思辨空间,深度唤醒学生的思辨思维。从思辨性阅读教学的角度来看,这里的"温和开放"是指师生、生生之间开展平等的对话,教师尊重学生的多元理解,达到让学生敢想敢说、激活思辨思维的目的。在评讲第 2 题时,我让学生围绕"人们是被小男孩感动,还是可怜小男孩"这一问题展开思考。当学生说出自己的观点后,我先不急于评价,而是顺势设问:"我们先回到文中去判断是'可怜'还是'感动',然后来谈谈你的思考。"继而追问:"你从哪里看出了感动?"或是温和地询问意见:"大家同意他的观点吗?""你同意吗?"这种不带有否定性的问题,让学生感受到轻松的学习氛围,促使他们对自己的惯性思维或惰性思维发起挑战,助力其形成"提出问题—分析思考—解决问题"的思维路径。另外,这也可以让学生看到其他学生的观点和思维的过程。激活与唤醒学生的思辨思维,也是挖掘学生思维深度的过程,大大提升了学生思维的效度。

**(二) 修正"错误"——"辨""辩"互嵌,沉浸式开拓多元思维**

1. 统整串联,提升逻辑思维力

简单来说,逻辑思维是由形象到抽象的理性思维过程,具有严谨、缜密等特点。新课标强调,观点的表达要有依据、有逻辑。教学时,我们应在学生理解文本的基础上,将文本统整串联起来,提升学生的逻辑思维力。仍以第 2 题为例。如何提升学生的逻辑思维力?"思辨性阅读与表达"任务群中的"教学提示"第二条为我们指明了方向:应引导学生分析证据与观点之间的联系,辨别总分、并列、因果等关系,有条理地表达自己的观点。有学生认为因为小男孩穿着破旧、表情忧郁，家里有很多欠债，所以人们对小男孩的态度是"可怜"；有学生认为因为虽然小男孩身处绝境，但仍然有一颗追求美好生活的心，所以人们被小男孩"感动"。这里涉及因果关系且学生都能辨别出来，但问题在于由"因"的遗漏导致"果"的错误判断。对此，该如何突围？我引导学生再次回到文本中"细读"，进行前后文关联与统整。学生经过思考发现，"感动"的原因如下：前文对小男孩的细节描写（动作、神情、语言）与后文老板娘写的信的内容，分别从正、侧面描写两个维度体现出老板娘不仅是可怜小男孩，更是被他打动。文中的有效信息或者依据就像是散落在"玉盘"中的"大珠小珠"，教学的过程中我们需要引导学生将其串联起来，助力学生从不同维度打开思辨逻辑之门，提升逻辑思维。

2. "思""问"往复，培养批判性思维

批判性思维是学生迈向高阶思维的必经之路，通过学生的"思"与教师的"问"的往复，有效推进学生的深度思考，培养他们的批判性思维。以第5题为例：

下面对小男孩的评价，最准确的一项是：（　　）

A. 喜欢动物

B. 彬彬有礼

C. 天真懂事

D. 爱做家务

这是一道人物评价题，极具思辨色彩，为学生的批判性思维发展提供了阶梯。有学生的观点是："小男孩是天真懂事的孩子。"我追问道："你能在文中找到依据，证明你的观点吗？"学生回答："天真体现在他身处逆境却仍然很乐观，认为蟋蟀能给人带来好运；懂事体现在对待外人彬彬有礼，对待负债累累的妈妈充满理解与体贴。"有学生的观点是："小男孩是一个彬彬有礼的人。因为文中第二自然段提到'小男孩彬彬有礼地与老板娘说话'。"这时,两种不一样的思维出现了,于是我引导道:"哪一个答案更合理?"在三问三回中,我积极创设读思问一体的活动,引导学生运用比较、推断、质疑等方式,结合文本内容与内涵,萌生自我观点并找到依据验证观点,收获正向的情感价值取向与审美情感。在整个辨析过程中,学生需要全盘考虑,经历提取信息、概括整合、排除、对比分析等思维爬坡的过程。

3. 互动辩论,辩出创新思维

巴西教育家保罗·弗莱雷指出:"没有了对话,就没有了交流;没有了交流,也就没有真正的教育。"思维即表达,表达即思维。互动辩论,是开展思辨性阅读的有效载体,也是生发出创新思维的契机。以讲评第4题"第15自然段中妈妈脸上'洋溢着快乐的笑容',是因为什么"为例,学生的"思维肯綮点"是"男孩追求美好生活的心让她看到了希望"还是"终于有钱支付所有令人烦心的账单了"?辩论前,我将"思维肯綮点"抛给学生,引导学生就这一问题开展辩论。有学生认为是后者,因为前文提到雅克将自己口袋里的钱全部送给小男孩的妈妈,有钱还债了,妈妈肯定很高兴;有学生认为是前者,因为对于一个母亲来说,孩子有一颗追求美好的心,是更值得妈妈高兴的事。互辩中,学生各说各有"理",甚至生出了"新"思维:有钱还债是物质层面上的高兴;看到自己的孩子身处困境仍有一颗追求美好之心,是一种精神层面上的高兴,早已超越了物质层面。就这样,观点越辩越"明",思维不仅越辩越"清",而且越辩越"新"。此外,学生在思辨性阅读与表达的融合中增强了语言表达能力。语言表达与创新思维齐飞共舞,促使学生成为一个具有创新思维的"说理人"。

总之,在整个理性思维的过程中,学生历经了统整串联、思问往复、互动辩论的思维过程,在语文实践中锤炼了多元思维能力,提升了逻辑思维能力,培养了批判性思维能力,同时也辩出了创新思维能力。学生脑海中已构建起环环相扣的思维链条,其理性的思维意识与思维技能便可拾级而上。

### 三、反思失败:思而后行,做独立思考者

不经历失败的教学,不是真正的教学。经历失败后,我们应该及时反思失败,并能从中有所收获与突破。加之,反思品质也是思辨性阅读教学的核心要义之一。通过忠实地阅读、适时地等待、出声地思维,保护学生的求知欲与思考力,让学生树立主动思考的意识,养成"思而后行"的习惯,真正做一名独立思考的阅读者。

**(一) 基本定位:忠实地阅读**

一名会独立思考的阅读者首先能够忠实地阅读,这同时也是思辨性阅读的起点。"忠实地阅读"主要具备以下三点内涵。一是"准确地理解"。在阅读时尽量不掺杂个人的私人情感与主观经验;不轻信道听途说的消息;不带有先入为主的思想观念,客观、实事求是地理解文本或作品。二是"完整地理解"。在准确理解的基础上,基于全文通篇考虑,前后勾连,全视角理解。例如,对于《男孩与蟋蟀》一文中小男孩的"特别",需要从外貌、穿着、神态、言行举止等角度找到依据,学生如果止步于某个单一的角度理解"特别",不能完整、全面地观照"特别",便无法完全理解小男孩的"特别"之处,自然也就无法选出"最合理"的选项。三是"有依据地读"。区别于情感体验式的阅读,思辨性阅读需要学生结合文本,在辨析、辩论、表达时都需要从文本中寻找依据支持自己的观点,并且能够做到言之有理、言之有据,为其思辨能力的加强奠定基础。

**(二) 时空条件:适时地等待**

任何思维的发展都离不开学生的独立思考,理性思维亦是。思辨性阅读的核

心要义是让学生具备独立思考的能力。时间和思维是不可分割的。脱离了时间的思维,是一种"不走心"的、没有思维含量的阅读。因此,教师应该成为一个时间等待者,在课堂中留给学生充足的时间去阅读、比较、思考、判断、抉择,切实开启思维的闸门,这样才能将思辨性阅读教学落到实处。教师可以通过重复学生的话以引起学生的注意,看似重复,实则是善意的提醒、思维的留白,让学生的思维更加流畅,观点更加鲜明,表达更加清晰,培养其思维的深刻性、批判性与独创性。

**(三) 必备技能:出声地思维**

学生的学习结果与认识是内隐的,即看不见的学习。因此,思辨性阅读还需要掌握一项必备的技能——出声地思维,即让学生的思维过程、阅读过程能被听到、被看到、被感觉到。教学中,我们需要十分重视学生的"出声思维",例如,"你能在文中找到依据,证明你的观点吗?""你同意他的观点吗?""你呢,你是怎么认为的?"这样的引导或者追问,可让学生的思辨思维外显化。作为教师,我们还要学会倾听学生的出声思维。这不仅能够帮助学生反思自身的"学",锤炼思维的深度,提高思辨性阅读能力,也能倒逼教师的"教",及时反思教学问题,从而提高思辨阅读教学的质效。

括而言之,思辨性阅读教学正是因"失败→发现→'辨''辩'→反思"的良性循环而焕发无限活力。我们应该转变"追求完美"的教学理念,悦纳教与学中的"失败",发挥"失败"的价值效能,将"失败"转化为学生的"生长点",让其乐于探索、勤于思考、敢于表达,成为新时代背景下具有独立思考能力的阅读者。

**参考文献**

[1] 中华人民共和国教育部. 义务教育语文课程标准(2022年版)[S]. 北京:北京师范大

学出版社,2022:29,6,31.

[2] 杨玉琴,倪娟.深度学习:指向核心素养的教学变革[J].当代教育科学,2017(8):43-47.

[3] 保罗·弗莱雷.被压迫者教育学[M].顾建新,赵友华,何曙荣,译.上海:华东师范大学出版社,2014:132.

(本文作者:孙杰　江苏省南京致远外国语小学分校语文教师　教龄4年)

## 2. 用心"思败",十分钟也精彩
### ——主题教育导入环节的情境设计与创新反思

爱迪生经历了 7 000 多次失败才创造出有实用价值的电灯,袁隆平经历了 3 000 多次失败才打开了杂交水稻研究突破口……人类文明的进步就是从无数次的失败中不断累积经验,寻找创新动力和突破路径的过程。在日常生活中,寻常人都会经历失败。"失败"是个奇妙的东西,有人在失败面前止步不前,有人在失败面前愈挫愈勇……每一个人都要正确认识失败,包容失败。失败不应被简单看作结果,它是创新的基础,失败和创新都是学习和成长的必经过程。但是,必须要澄清的是,从失败走向创新有两个前提不可缺少。第一,是坚忍不放弃的开放态度;第二,是针对失败的反思。没有坚忍的态度,就不会有后续的探索与尝试;没有反思,哪怕是百次千次的失败,创新的概率也始终是微乎其微。

在学校教育中,以班级为单位的主题教育课是一种常见形式,通常采用座谈、讨论、表演、竞赛、汇报等方式落实教育目标。教师通过对主题的深入探讨,可以帮助学生更好地了解社会、了解自己。主题教育课的导入设计非常关键,一般导入时间控制在10分钟以内,有创意的导入设计能起到迅速激发学生兴趣、自然呈现主题内容、丰富学生真实体验、触发思维动力的功效。

学生在生活学习中所经历的挑战目标未达成、处理事务遇到瓶颈、暂时存在疑惑、情绪调节受挫等情境,都可能带来失败的体验感。"失败"看似可遇而不可求,但在主题教育导入设计中,教师可以根据不同学段学生的特点,人为创设群体或个体失败情境,以打破学生的惯性思维,引导学生走出舒适区,对失败体验进行反思,寻找创新的可能性,从而达到不同凡响的教育目的。

## 一、失败情境中扩散思维与收敛思维的引导

小学学段的学生活泼好动,自律能力相对较弱,在低年级时期,"秩序"是不可缺少的教育主题。传统的说教,对于学生的教育效果,往往不尽如人意。对此,实施班级主题教育时,教师可以通过团体游戏的方式设计导入。

### (一) 创设失败情境——"七龙珠"

准备窄口瓶、有连线的小塑料球"龙珠",瓶子口径略大于小球直径。将学生分为若干组,每组5—7人,每人领取一颗小球,每组一个瓶子。各组学生将手中的小球放入瓶中,把小球绳线留在瓶口外,听从吹哨指令行动,比一比哪一组能在最短的时间里把"龙珠"从瓶子里全部取出。

对于此项游戏活动,低年级的学生第一次尝试大概率是失败的,甚至会经历多次失败。学生受到比赛氛围的刺激,变得情绪高涨,急于求成,争先恐后,同时提绳取球,结果造成瓶口拥堵,欲速而不达(也有极少数的小组能完成任务)。第一轮比赛结束后,教师记录各组的任务时间和结果。此时,教师可不做任何评价

和引导,让各小组准备3分钟,将小球归位,开始第二轮的比赛(这个过程中,善于沟通和思考的学生可能已经在组内开始组织讨论)。第二轮比赛开始,教师观察各组完成任务情况,并记录时间。因为学情不同,所以不能完全预测第二次比赛结果的变化,但是大概率多数小组依然无法完成任务或者耗时较长。

### (二) 反思——扩散思维与收敛思维的双向引导

教师进入反思引导阶段。首先,针对各组的"失败"给予鼓励,赞扬各组的努力和投入,安慰学生,表示即便成年人进行此项活动也会同样产生失败的结果。其次,引导学生描述过程情境。"如果两次尝试都失败了,到底是出现了什么情况?""如果第二次成功了或者在时间上或数量上有所进步,是什么原因?发生了怎样的改变?"小学生在描述中,往往会就现象谈现象,对此,教师需要重点追问失败或成功的多种因素有哪些,也可以在提问后,组织小组讨论后再作分享。此时,学生的答案呈"井喷"之势,会关联"小球放置的方式""连线的排布方式""抽取小球的顺序""指挥、观察、稳定瓶子等分工的设置"等方面。教师对于学生的积极思考给予肯定和鼓励,并设置3分钟准备时间,组织开始第三轮尝试。

在第三轮比赛中,大概率会出现学生小组都能完成2分钟内取出所有小球的任务,只是在操作时间长短上有所区别。教师可以请胜出的小组谈谈"秘诀",也可以请其他小组说说改进措施,甚至可以进一步鼓励学生思考"还有什么方法能让任务完成得更快"(有学生提出将绳线穿过塑料吸管,防止缠绕;更让人意外的是,有学生提出破坏瓶子,瞬间取出小球,因为规则并没有相关限制)。此时,从导入设计视角来看,第四轮的比赛可有可无,教师可以逐渐把学生的思路引向概念的归纳及与生活的连接等方面。"在刚才取小球的过程中,大家认为最关键的是解决什么问题?用一个词来表达。"(在"准备""速度""合作""秩序"等词语中,学生基本会聚焦在"秩序"一词上,教师可以同步播放地铁出入、交通路况等视频引发学生思考)"在校园生活中,我们身边有没有发生过类似的欲速则不达的情况?今天就让我们来讨论秩序的重要性,以及我们该如何遵守秩序。"至此,本节课的主题导入完成。可以说,通过这一系列的体验与思考,本节课的教育目标已经完成了大半,同时在真实体验的铺垫下,后续的教育过程会事半功倍。

### (三) 价值内涵解析

创新素养的提升可以通过思维方式的改变来实现。创新意味着改变、提高、创造,扩散思维能帮助学生通过观察、体验,寻求解决问题的多种方法和途径,并基于最常规、最易显现的方法,通过举一反三、触类旁通,搜寻更多的信息和答案。在"七龙珠"活动中,对失败情境的影响因素分析,就是一种典型的扩散思维训练,"还有呢?还可能怎样?"是引导反思的常用语,通过扩散思维,学生的思考中不乏创新创意之处。

与扩散思维相对应的收敛思维的训练,也在本活动中有所体现。收敛思维是将信息进行整理、汇总、分析、归纳的思维能力,在上述活动中,教师引导学生从各种制约任务完成的因素中寻找最核心的一项,即可视作收敛思维的训练。扩散思维与收敛思维之间是一种辩证关系,既对立又统一。扩散思维是由问题的中心指向四面八方;收敛思维是从四面八方指向问题的中心,只有两者协同交替应用,才能促发创新过程。"七龙珠"导入的设计,对主题教育课来说起到了很好的热身、点题效果,同时通过失败情境的创设,有效地引导反思,让学生进行思维的散聚双向训练,达到了创新素养提升的效果。

## 二、失败情境中质疑思维与逆向思维的引导

初中学生正处于青春期,自我意识逐渐增强,同一性发展水平存在差异,生理

发育逐步成熟，心理上容易兴奋和冲动，自我抑制能力差，后果意识能力差；抽象的逻辑思维有了发展，但很大程度上还属于经验型，在认识事物和考虑问题方面，还经常需要具体的感性经验来支持。因此，此学段学生的行为规范教育效果会出现反复的情况。而初中学生向往成年人的独立自主，遵循基于民主精神和契约精神建立的规则能更有效地推动学生发生并维持自律行为。

**（一）创设失败情境——"急速整队"**

这一情境要在空旷场地开展，班级学生需 30 人以上。教师宣布接下来要开展一项很重要的活动比赛，请所有学生仔细听要求："所有学生需要分成两个小组，每一组至少 15 人，每一组男生女生差额作为后续比赛的基础扣分，每一组班干部人数作为基础加分，小组排列队形，各边人数相等……"教师可根据学情增加额外条件。最关键的是，该活动须在 1 分钟内完成，超时则挑战失败。

结果，不出意料的话，各组基本是以失败告终的。众多学生在短时间内处理信息，并作出一致的最佳的组合判断几乎是不可能的。现场的情境一般会出现两种状况：一是，学生不知所措，茫然没有行动；二是，现场混乱，学生无组织无效果地盲目行动。教师记录第一次整队的各组时间与基础得分数据，并安排班级自由讨论，然后再一次进行挑战。在实施过程中，教师可以根据学生状态适当强化学生群体的失败体验，如"没想到平时大家聪明的头脑在这次挑战中没有发挥作用""看看每个组的积分，虽然都没完成任务，但是差距还是很明显的"。因为经过了群体讨论，所以第二次挑战的情况会有所好转，但是完全达到标准的概率依然很小，或者因为部分学生策略的调整（如班干部的抱团聚集、性别分配的计划调整等），所以各小组的基础分差距会加大。

## (二)反思——质疑思维与逆向思维的双向引导

在反思引导阶段,教师组织学生进行第二次讨论。在这个阶段,教师可能会面临较大的挑战,因为两次失败情境会引起学生的情绪波动,使其提出很多疑问。如果教师选择机械重复既定的规则作为回复,很可能会使学生负面情绪升级——有学生选择放弃,有学生发泄不满,也有学生陷入困惑。因此,教师应先安抚和稳定学生的情绪,引导学生有序地描述刚才发生的情景,表达自己的情绪和感受——"发生了什么?""为什么会有这样的结果?""为什么不可能完成?""为什么认为不公平?""问题出在谁的身上?同学、老师,还是规则本身?"由浅入深的反思引导,逐渐引发学生从对任务完成的思考转向对规则本身的质疑。此时,教师可以揭晓意图,这项任务本身就故意设置了诸多干扰因素,这些因素造成了同学们的失败结果和困惑不满。由此可见,规则制定不合理会造成严重后果。教师继而引导学生共同梳理既定规则的不足:"能被大家认可和执行的好规则应该具备哪些特征呢?"这个提问很重要,既然大家质疑老师的"规则",否定原先的"劣质规则",那么就会进行逆向思考:怎样的规则才是"优质规则"?对此,学生需要共同进行对比、讨论、归纳,并实现创造性的产出。导入的效果已经明显实现,后续可以进一步引导学生联系学习生活实际,明确规则的合理性、公正性和可执行性,尝试制定新的集体规则或对规则加以完善,形成稳定持久的正向舆论,增强学生的自律意识。

## (三)价值内涵解析

社会文明在否定和自我否定中不断进步,质疑思维是指根据实践验证结果和现实发展需求对原有事物进行科学的、建设性的改变。在上述设计中,教师以平等的角色介入活动,鼓励学生对异常的要求进行质疑反思,突破教师是绝对权威、所有存在的规则都是完美无缺的思维束缚,对事物的不合理性进行分析判断。学生认识到活动规则的不合理，有明显的漏洞且缺乏操作性，于是就会换一个角度，思考他们心目中合理的规则又是怎样的。这就是逆向思维的引导训练，前后规则特性的梳理比较，会促使学生产出有创造性的成果，这种逆向思维对学生学习的顿悟起到至关重要的作用，自然且真实，会给学生留下深刻的记忆。从人本主义心理学家马斯洛的需要层次理论角度来看，这就是一种典型的高峰体验和后期强化引发的高原体验。

### 三、失败情境中认知与元认知的引导

生涯规划是班级主题教育的一个热门话题，尤其是高中生，现实中面临着诸多生涯规划问题，如高等院校和专业的选择，还有再远一些是就业的选择。认识自我，了解社会，寻找更多的可能性，作出无悔的选择，这是高中生适应未来学习生活的原则和必须培养的基本素养。但是，当下高中生在生涯规划方面的意识、方法、能力等还需要系统提升和完善。

#### （一）创设失败情境——"我的位置在哪里"

选择较大空间场地，放置少于学生人数的不同种类座位，如沙发、多人长凳、单人方凳、懒人地垫、配有写字板的办公椅、围成一圈的小组学习套椅等。教师临时通知学生前往该场地参加主题教育课。上课铃响，学生陆续进入场地，多数学生会对场地的安排感到惊讶或好奇，但教师不作任何解释，唯一指引信息是让学生根据自己意愿自由落座。接下来的情况会很有趣：有学生果断作出选择；有学生犹豫不决；有学生讨论商议；也有学生由于来得晚，没得选，便直接坐在剩余的座位上；而最晚到的若干学生则没有座位。从某种意义上来看，这种尴尬窘迫的处境，也是一种失败的情境体验。

## （二）反思——认知与元认知的递进引导

教师待学生气氛稳定后，分不同层次进行情境的引导反思。首先，对于没有找到位置的学生，采访其此时的心情和感受：是什么原因导致晚到？对于上课地点的改变，当初是怎么理解的，是如何作出时间的调整预判的？问题反思的目的是让学生对自己的判断选择与结果形成连接。其次，对已经就座的学生提问：为什么会选择目前的这个座位？最看重的是座位的舒适性、功能性、便利性，还是其他因素？是主动选择还是被动接受的？这一连串的反思引导，包含两层递进关系：一层是就表层现象而言，做了什么；另一层是选择这么做背后隐藏的原因。这个过程可以澄清学生的认知，挖掘其元认知。有学生会对座位感到满意，符合自己的需求；有学生看重与好友在一起，对座位的选择没有特别的要求；有学生因为不想过于"高调"而放弃舒适或中心区域的座位；有学生因选择余地少，被迫和同学"挤一挤"，造成虽然有座位但是很不舒服的感觉；当然，也有学生会表示自己没有任何想法，是随便挑选的。这些都是学生正常的认知表现。

教师此时可以增加座位，安排无座位的学生入座，顺理成章地引出本节课的主题："选择"。认知决定判断和行为，教师可以让学生思考：此时此刻，无论是满意的座位还是不满意的座位，甚至是没有座位，都不会对生活造成严重影响，但是专业选择和未来就业呢？我们是否可以随便？我们作出选择的价值取向是什么？或者我们是否可以通过自身认知的调整改进，以避免造成严重后果？相信这一番失败情境的体验与反思，能引发大多数高中学生的共鸣，并使其联想到实际生活中的现实问题而产生启发——这种启发，往往引发创新的思路和理念。教师通过失败情境的体验与分享这种创意导入方式，形成充足的话题基础，以保障接下来的主题教育课内容的实施。

## （三）价值内涵解析

"元认知"的概念由弗拉维尔于 20 世纪 70 年代提出，是指个体关于自己的认知过程的知识和调节这些过程的能力。通俗地讲，元认知是对于自身认知的认知。

创造力是一个人独特的思维和能力，与智商没有必然联系，可以通过学生生活中的实践逐步培养提高。元认知是一种帮助人们认识和管理自身认知过程的方法。个体通过不断反思，可以有效提升元认知，从而提高创造力。在上述导入设计中，教师创设情境，链接现实，通过认知和元认知的澄清与梳理，引导学生了解自身的价值取向、思维方式，发现自己思考问题作出判断的局限性，学习从不同角度尝试解决不同类型的问题。这种反思和反馈的过程培养的是学生的多元思维——这是创新必不可少的基础。

综上所述，三个导入设计背后的教育主题的关键词其实是相近的，都与"规则"有关，但不同学段的侧重有所差别——小学侧重发现、适应；初中侧重理解、创造；高中侧重领悟、升华。对于同样的教育主题，教师根据不同特征的学生，进行有新意的导入设计，这个过程本身即是一种创新。而且我们可以发现，三个学段的思维引导是递进性的，从基础的扩散—收敛思维方式训练到具有批判性的质疑—逆向思维的进阶，再到更高境界的认知—元认知，不断加强对自身思维认知的察觉、反馈、改进。这三种不同层级的思维，在不同学段可以有重点地选择培养，但它们不是简单割裂的，往往呈现融合交织的状态。在教学过程中，这对教师的观察力和敏感性提出了较高的要求，即使是同一学段的学生，无论在群体还是在个体认知和思维能力方面必然存在差异。当学生的学习体验达成了思维的前阶成长目标时，教师可以根据教学实际，以更高阶的分层反思进行引导，进一步促进学生群体或个体创新思维的发展。

以上导入设计,是以体验式教育为内核的。笔者在学校一线的教育教学实践中多次改良衍化,凝聚10分钟的教育精彩,巧妙创设"失败",坦然直面"失败",用心反思"失败",将失败情境有效转化为教育资源,这无论是对整堂课的铺垫,还是单独作为学生的体验活动,都起到了良好的效果。激发学生的兴趣和思考,进而推动学生创新,这不仅对学生的个人成长有利,而且对整个班级集体的教育价值产生了积极的影响作用。当然,这种设计思路不仅仅局限在教学导入阶段,教师可以根据需求,将其应用在教育教学的全过程中。教育者应积极探索教育过程中创新的方式方法,帮助学生更好地应对未来的挑战。

**参考文献**

[1] 陈琦,刘儒德.当代教育心理学(第2版)[M].北京:北京师范大学出版社,2007:383-388.

[2] 林崇德.心理学大辞典(上)[M].上海:上海教育出版社,2003:391.

[3] 托马斯·L.萨蒂.创造性思维:改变思维做决策[M].石勇,李兴森,译.北京:机械工业出版社,2016:41-42.

[4] 王嘉毅,李志厚.论体验学习[J].教育理论与实践,2004(12):44-47.

[5] 薛保红.体验教育创新[M].北京:中国质检出版社;中国标准出版社,2012:102-107.

(本文作者:郑臻宇 上海市虹口区教育学院德育研究室主任 教龄28年)

## 3. 自然角里的生机
### ——利用"有效失败"培养幼儿创新思维的实践

美国著名心理学家约瑟夫·沃拉斯（Joseph Wallas）在《思考的艺术》中指出，创新思维是一个从多角度进行思考，尝试用不同的方式方法来解决问题的过程。幼儿正处于创新思维萌芽阶段，对外部世界充满着探究欲，这种好奇、好问、好思、好动的精神为培养幼儿创新思维提供了良好的心理基础。创新思维要从小培养，西方发达国家一直把重视人的创新能力培养作为教育的传统。然而，失败总与创新"形影不离"，相随相伴。心理学家马努·卡普尔（Manu Kapur）以学生的长期学习效果为标准，将失败分为"有效失败"和"无效失败"。"有效失败"指学生短期学习表现较差，但失败的经验激活了学生的先前知识，促进其内在学习的发生，从而获得了较好的长期学习效果。幼儿园自然角是大自然的缩影，不仅是幼儿参与观察、种植和饲养活动的主要场所，而且是他们认识自然、亲近自然，培养好奇和探究品质的途径。但种植、饲养过程并非平坦顺利，需要付出细心、耐心、时间，而且还时常会碰到植物枯萎、生虫,小动物生病死亡等失败情况。不过,这种失败是有效失败,因为面对失败,幼儿需要进行更多的自主思考,在此过程中能培养幼儿发现问题、解决问题的创新思维习惯。利用自然角中发生的,能使幼儿自主尝试、探索、试误、修正的"有效失败",可帮助幼儿汲取经验,促使他们在探究中产生新的发现,形成新的问题,激发思维创造的活力,从而满足幼儿个性化的需求,培养幼儿的创新思维。

## 一、创新思维视角下,自然角"有效失败"的问题审视

### (一)忽视失败,片面追求结果

自然角活动是培养幼儿创新思维的重要途径,但仍有些自然角活动停留于科学探索本身,过度关注实验结果,忽视种养过程中出现的"有效失败",错失培养幼儿以问题为导向的创新思维的机会。

**案例一**

在自然角观察植物的贝贝吸吸鼻子,"唏——唏——",感觉空气中有臭味,她赶紧找来教师,终于在水培区找到臭味来源,原来水培土豆烂了。孩子们都很好奇,开始讨论土豆外表没什么变化,怎么会发出臭味呢。有的孩子甚至伸出手指,想戳一戳变坏的土豆。教师见状,立马阻止。"不要碰,土豆都发臭了,老师去扔掉,"还催促道,"赶紧记录下来。"……

在这个案例中,教师直接扔掉腐烂的土豆,并制止幼儿动手一探究竟。虽然这样做可避免横生枝节,但忽略了其中的"有效失败",扼杀了幼儿探究的欲望,失去了培养幼儿创新思维的时机。

### (二) 面对失败,情感支持单一

"有效失败"是一种学习机会,幼儿的每一次"有效失败",都是丰富经验和取得收获的过程。在自然角种养过程中,幼儿常常会碰到阻碍动植物顺利成长的各种状况。面对这些可以激发幼儿创新思维的"有效失败",教师的情感支持措施往往较为单一、贫乏,只是语言安慰与鼓励,缺少与幼儿的同频共振,不能满足幼儿的情感需求,使幼儿得不到充分的心理支持,无法有效激发幼儿创新思维的自主性。

### 案例二

"都怪你,都怪你,你把小蝌蚪弄死了!""不是我,不是我!"自然角里传来争吵声,原来是优优怕小蝌蚪冷,就把小水带来的小蝌蚪放在太阳下晒,结果小蝌蚪都死掉。看着生气的小水和委屈的优优,教师安慰道:"优优是为了让小蝌蚪暖和起来呢。没关系的,我们再养一些小蝌蚪吧。"还请优优向小水道歉。优优见状很生气,一跺脚转过身,委屈地说:"我再也不照顾小蝌蚪了!"

面对小蝌蚪饲养死亡这一"有效失败"情境,教师缺乏对幼儿生活经验的倾听,对幼儿的情感支持简单。苏霍姆林斯基说过:"情感如同肥沃的土地,知识的种子就播种在这个土壤上。"由于幼儿身心发展水平受限,自我评价不成熟,因此成人需要付出更多的情感支持。缺乏说服力的语言沟通,向幼儿传递出一种非肯定的信息,使幼儿爱与尊重的需求得不到满足,容易产生挫折感,无法促进其创新思维的发展。

### (三) 分析失败,远离儿童视角

自然角活动中出现失败后,教师在进行"发生了什么""怎样发生的""为什么会发生"等分析时,尚未摆脱教师主导局面,往往远离儿童视角。教师未能从儿童立场出发探析失败,与幼儿对话时,在回溯、反思、形成共识、讨论交流等方面存在一定的局限性,无法有效支持幼儿创新思维能力的发展。

**案例三**

　　教师在自然角里摆放了直尺、卷尺、软皮尺等测量工具,鼓励孩子们量一量自己种植的小植物,以帮助孩子积累测量的经验。小米照顾的红薯长得枝繁叶茂,小米拿着直尺沿着"蜿蜒曲折"的红薯藤枝测量长度,可尝试了好几次都无法完成。教师看到后,告诉小米红薯长长的藤枝不是直立生长的,不能用直尺测量,并拿出软皮尺,告诉小米用这个测量比较好。小米拿着软皮尺继续测量,可还是无法完成测量。

　　从案例中看出,在小米第一次测量失败后,教师作了简单的原因分析,然后立即更换测量工具,缺乏对幼儿测量能力成长轨迹的分析和植物生长特点的分析,忽视对幼儿的倾听与观察,没有接收到幼儿反馈的信息,无法为其持续的创新思维提供帮助,导致幼儿第二次测量依然失败。

　　上述几个案例从"注重结果""情感支持""探究能力"三个关键点分析了忽视失败的问题。其根本原因在于教师忽视了"有效失败"的价值。通常儿童立场意识薄弱,处理问题仍以教师经验为主。在教师主导模式下,教师不能充分了解幼儿行为背后的动机,没有尊重和保护幼儿的兴趣,无法满足幼儿的情感需要,忽视幼儿在种植、饲养过程中的观察、记录、分析等探究能力的培养。这种囫囵吞枣地处理"有效失败"的方式,使教师无法搭建起引导幼儿发现问题、分析问题、解决问题的平台,不能促进幼儿创新思维的发展。

## 二、利用"有效失败"培养幼儿创新思维的实践

**（一）悦纳失败，多元支持，培养幼儿创新思维的主动性**

在自然角种养中出现失败后，幼儿难免会产生挫败感，对活动失去兴趣和信心，甚至产生消极情绪。教师需要引导幼儿正视自己的失败，让幼儿明白有时失败并不是坏事，帮助幼儿确认"有效失败"的价值，并给予掌声。通过鼓励的言语、温暖的微笑、赞赏的目光、关怀的拥抱等情感支持，陪伴幼儿一起反思失败经历中的收获，并讨论新的行动计划。将"有效失败"作为教育的契机，通过共情，让幼儿正确评价自己，接受自己。鼓励幼儿寻找和试验不同的解决路径与方法，在温馨、自由、自主的氛围中，激发幼儿创新思维的主动性。

**案例四**

七七在自然角里种了草莓秧苗，每天都要给小苗浇水，有时花盆里的水都要溢出来了。没过几天，七七的草莓苗叶子开始发黄、变黑。看着日渐枯萎的草莓苗，七七非常着急，于是向老师求助。

七七："老师，老师，我的草莓苗叶子变黑了。"

老师："我来看看噢，原来，草莓苗生病了，怎么办？"

七七："我生病时，妈妈会给我喝水，还给我吃药。对了，要给草莓多喝水。"说完又去给草莓浇水了……

结果没几天，草莓苗的叶子全部都变得枯黄了。看着失去生命的草莓苗，七七很难过，也很不解："我每天都给草莓苗浇水，怎么它还是死了呢？"

老师见状，和七七进行沟通。

老师："我知道你现在很难过，每天都细心地照顾草莓苗，付出了这么多的努

力,可草莓苗还是枯死了。"

七七:"是的,我很不开心。"

老师:"可是你很棒呀,有爱心、责任心,每天坚持照顾草莓苗。我理解你的心情,我在家种过多肉植物,每天给它浇水,让它晒太阳,可后来还是没长好,最后'死'掉了。"

七七:"多肉植物是不能多浇水的,我家也种的。"

老师:"噢,是吗?照顾植物不是都要多浇水吗?"

老师的问题引发了七七的思考。在老师的帮助下,七七挖开了枯萎草莓苗的根部位置,发现泥土太过潮湿,根部已经腐烂。七七明白了多浇水并不是照顾植物的好方法,过度浇水会对植物造成伤害。

在找到原因后,老师给七七找来新的草莓苗,七七开启了第二次草莓种植历程。有了第一次失败的经验,这次七七非常重视浇水过程,思考什么时候浇,怎样浇,浇多少水。

七七:"老师,你看这是我带来的新水壶,它很厉害的!"

老师:"这个水壶有什么本领?"

七七:"老师,你看,它的嘴巴尖尖的,用手捏一下,水才会出来。这样浇水时就不会一下子出来很多水了。"

老师:"七七真细心。那么有没有不用动手的浇水壶呢?"

在老师的帮助下,七七制作了"自动浇水器",保证双休日也能让草莓苗"喝到水"。七七的草莓苗慢慢长大,叶子也变得郁郁葱葱,最后结出了红红的草莓。七七非常高兴,逢人就说"我种出了大草莓"。老师还鼓励七七把"草莓浇水方法"和小朋友们一起分享。其他幼儿也学着七七的方法,给植物浇水时控制水量,从此自然角里再也没有植物被"淹死"了。

从上述案例中可以看出：当幼儿面对失败情绪低落、心情沮丧时，教师可充分利用"有效失败"，帮助幼儿思考分析失败原因，鼓励幼儿在自己感兴趣的活动上以自己的方式前行，调动幼儿的主动性，支持幼儿的创新思维发展（图1）。

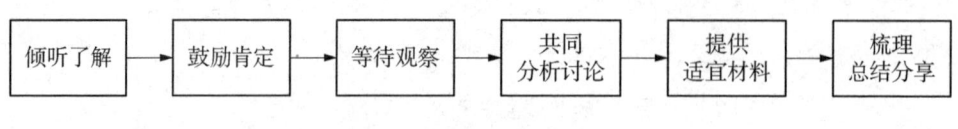

倾听了解 → 鼓励肯定 → 等待观察 → 共同分析讨论 → 提供适宜材料 → 梳理总结分享

**图1　教师支持行为分解**

由图1可见，教师积极关注并接纳孩子的挫败感受，在倾听中了解幼儿的内心想法，及时发现幼儿需求，对幼儿的发展水平进行科学、客观的评价。通过"我知道""我理解"来表达对幼儿失败的同理心，在陪伴中给予幼儿精神和情感上的支持。同时积极鼓励幼儿，肯定幼儿的坚持与责任心，让其体验到安全、快乐，从而建立起充分的自信心。幼儿在倾诉中宣泄情绪，教师的理解、鼓励让幼儿感受到关爱与尊重。在有效沟通中，幼儿将负面的情绪逐渐转化为正面的情绪。在等待观察中，教师给予幼儿充分的自我思考空间，让幼儿在认知冲突中获得经验，激发创新思维。随后教师引导幼儿思考"照顾植物不是都要多浇水吗"，与幼儿共同分析讨论、查找失败的原因，改变了以往幼儿一遇到困难、障碍就等待别人的帮助，而教师如同"救火队员"一样马上解决问题的状况。当幼儿关注到浇水量问题，拿来挤压式浇水壶后，教师又适时提出了"自动浇水"问题，引发幼儿思考。根据幼儿需求提供适宜材料，与幼儿一同制作了"自动浇水器"。在幼儿种植成功后，帮助幼儿梳理总结"草莓浇水方法"，并和其他小朋友们一起分享。教师的整个支持行为循序渐进，有利于幼儿情绪的健康宣泄，让幼儿意识到错误并积极修正，发展解决问题的能力，从而保护了幼儿的主体意识和自主性，培养了幼儿创新思维的主动性。

在这个过程中,幼儿的心情、感受、行动也随着教师的支持不断变化,如图2所示。

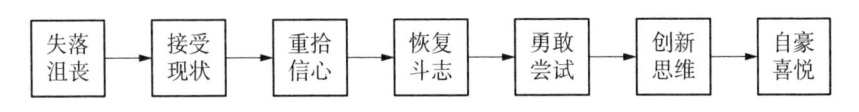

失落沮丧 → 接受现状 → 重拾信心 → 恢复斗志 → 勇敢尝试 → 创新思维 → 自豪喜悦

**图2 幼儿心情、感受、行动的变化**

由图2可见,在教师积极的情感鼓励和引导支持下,幼儿的心情、感受、行动呈现正面发展的趋势。

**(二) 正视失败,智慧运用,培养幼儿创新思维的灵活性**

"有效失败"不是一种消极的体验,而是一种积极的经验。正视"有效失败"的价值,将"有效失败"作为教育契机,多给幼儿一些思维的时间与空间,促进信息流动,激发探究兴趣,引导幼儿产生情感共鸣,促使幼儿的创新思维动态发展。幼儿在一个宽松、愉快的氛围中,心情愉快地投入到活动中,积极思考,丰富了创新视角。

**案例五**

最近天天和壮壮非常烦恼,他俩种植的茄子都生了虫子。茄子的茎叶上布满虫子,叶片上黏黏的,没有了光泽,这可怎么办?

天天:"我们用手捉吧!"

天天和壮壮尝试用手将虫子从茄子茎叶上捉下来。

壮壮:"天天,这样不行,虫子太小了,而且太多了,我手都变得黏黏的了。"

壮壮:"我们用水浇吧,把虫子都淹死。"

于是天天和壮壮拿来浇水壶,把水洒在虫子身上,可过一段时间去看,虫子毫发无损,没有被淹死。

于是,他们又尝试了喷洒花露水、用酒精湿巾擦、涂抹洗手液等方法,但灭虫效果都不佳。这些在日常生活中使用的,对驱蚊、灭菌都有效果的方法,为什么对杀灭植物上的虫子却效果不佳呢?

天天:"这个虫子怎么这么厉害的,我已经没有办法了。"

壮壮:"是呀,这么多办法都不行!"

老师:"天天、壮壮,你们好厉害噢,能想出这么多办法灭虫,很多都是大家想不到的呢。可不把虫子杀灭的话,茄子苗就要枯萎了。"

天天:"好吧,我们再想想办法。"

老师协助天天、壮壮一起又制作了"灭虫计划书":收集虫子信息、灭虫方法家长征集帖……

天天、壮壮:"老师,老师,快来看,虫子死掉了!"

老师:"真的噢,你们真是太棒了!你们用了什么方法?"

天天:"我们做了大蒜水灭虫。"

壮壮:"把大蒜头弄碎,加上水,喷在虫子上。"

小朋友们:"天天、壮壮你们好厉害!"

原来,天天和壮壮发现把大蒜捣成泥,做出大蒜水,喷洒在茄子枝叶上,灭虫效果特别好。

天天和壮壮成功灭除了寄生在植物上的害虫,受到了其他小朋友的称赞。教师鼓励他俩回顾、反思、梳理整个灭虫过程,并通过表征记录,做成图画式的灭虫思维导图。当其他小朋友种植的植物出现虫子的时候,就会看看他们的"灭虫宝典",借鉴他们的方法试一试,有疑问时,还会求助天天、壮壮帮忙,如有新的发现,就补充到"灭虫宝典"中。天天和壮壮成了班级中的"灭虫专家"。

从以上案例中可以看出,教师智慧地利用了"有效失败",打破了教师以往预设的探究主题,以问题为导向,呈现出"核心问题与生成的新问题"交叉互通的探究模式(图3)。幼儿在问题的驱动下,主动思考,自我反思,并提出新问题。让幼儿们在互动中寻求答案,并将任务带回家,与家人一起分享信息,从而实现探索的目的。在与同伴的交流中,幼儿产生了思维碰撞,激发了创新思维的活力。在问题交叉互通中,幼儿有机会相互交流,产生了"共振",使创新思维灵活发展。同时,教师帮助幼儿梳理回顾"有效失败",用图画呈现的形式(图4)将思维过程可视化,让其他幼儿一看就懂。在梳理回顾中,改变幼儿对失败的态度,促进其创新思维向纵深发展。

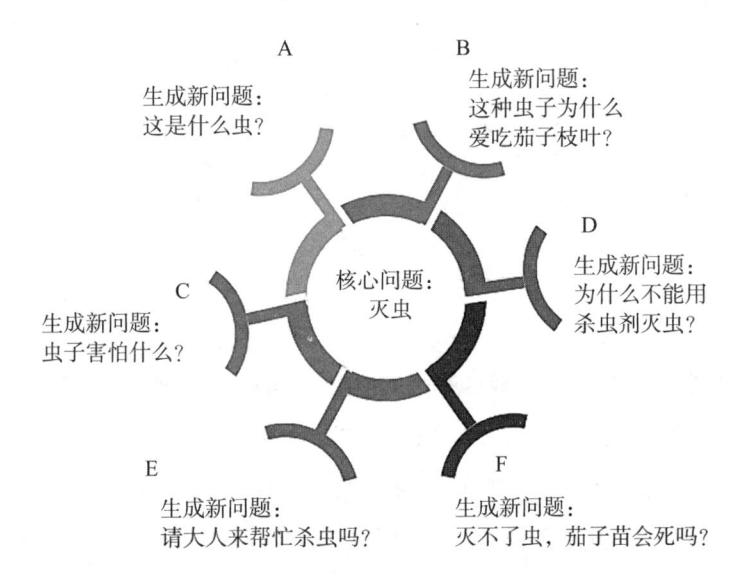

A 生成新问题:这是什么虫?
B 生成新问题:这种虫子为什么爱吃茄子枝叶?
C 生成新问题:虫子害怕什么?
核心问题:灭虫
D 生成新问题:为什么不能用杀虫剂灭虫?
E 生成新问题:请大人来帮忙杀虫吗?
F 生成新问题:灭不了虫,茄子苗会死吗?

**图3 "核心问题与生成的新问题"交叉互通**

利用"有效失败",引导幼儿对事物进行更加细致的观察与思考,促进幼儿经验的递进式发展。同时,随着幼儿的创新思维水平的提升,他们能借助他人的"有效失败",丰富、推动、梳理自身经验,促进自我发现和自我创造,培养了创新思维的灵活性。

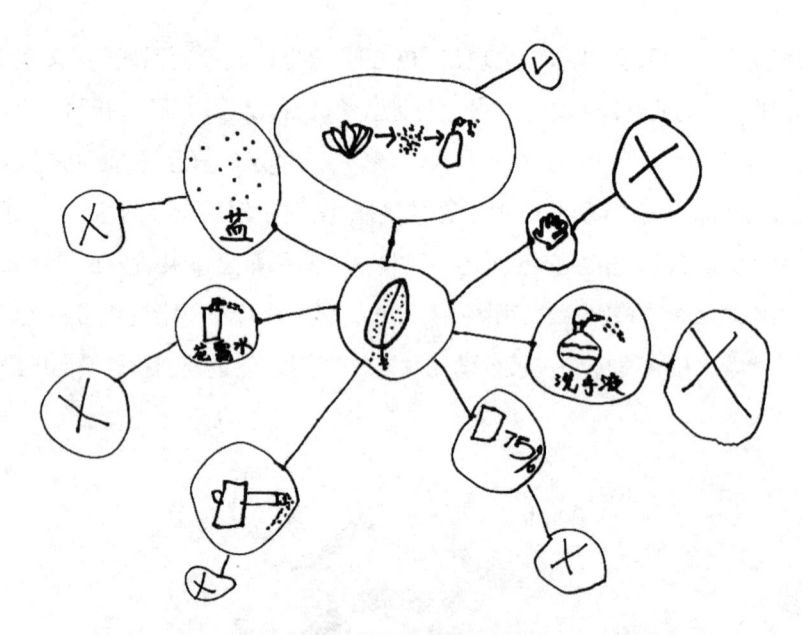

图4 灭虫图画思维导图

## （三）儿童立场"剖析"失败，培养幼儿创新思维的持久性

韦特海默的格式塔理论认为，创新思维就是对问题顿悟的过程，而顿悟的发生是以在情境中发现问题、分析问题为前提的。对出现的"有效失败"，教师需从儿童视角出发，启发幼儿多视角、多维度地思考问题，引导幼儿回溯分析失败原因，帮助其提升与建构认知，拓展思维空间，促使创新思维持续发展。

**案例六**

自然角里的"蚕宝宝"深受孩子们的喜爱，在与蚕宝宝的朝夕相伴中，孩子们对蚕宝宝的情感也日益深厚。每到周五，孩子们就争着要带蚕宝宝回家饲养。

于是老师和孩子们商量开展"蚕宝宝跟我回家"活动，还建立了"养蚕日记"，孩子们可以记录下带蚕宝宝回家的饲养故事。

宸宸:"今天我来和大家分享'养蚕日记'。"

玥玥:"你的记录上,怎么少了一条蚕宝宝,你少画了呢。"

宸宸:"没有少画,是死了一条蚕宝宝。星期五我带蚕宝宝回家时,把桑叶弄丢了。我和爸爸在小区里找不到桑叶,去外婆家小区也找不到。我和爸爸上网查,发现蚕宝宝也吃生菜叶、莴笋叶,就喂了蚕宝宝生菜叶,但还是有一条蚕宝宝饿死了。"

灏灏:"蚕宝宝真的吃生菜叶吗?"

宸宸:"吃的,我看到生菜叶上有蚕宝宝吃过的洞洞。"

灏灏:"我回家也试一试!"

老师:"这次宸宸带蚕宝宝回家,虽然死了一条蚕宝宝,但是他发现了蚕宝宝除了吃桑叶,还可以吃生菜叶、莴笋叶。宸宸请把你的发现用图画告诉大家。"

老师协助宸宸将收集到的资料,制作成"蚕宝宝食谱"放在饲养区中,供其他幼儿翻阅。

轮到诺诺带蚕宝宝回家饲养时,鉴于宸宸的喂养经历,诺诺请妈妈备足了桑叶。可到了周一,诺诺并没有把蚕宝宝带回幼儿园,怎么回事呢?

诺诺:"我带回家的蚕宝宝,都死了,呜……呜……"

老师:"诺诺,别哭,告诉大家发生了什么事情,我们一起来想办法。"

诺诺:"我把带回家的蚕宝宝放在桌子上,我家猫咪打翻了饲养蚕宝宝的盒子,蚕宝宝被猫咪踩死了。"

老师:"可猫咪为什么会打翻饲养蚕宝宝的盒子呢?"

诺诺:"猫咪很调皮的,它喜欢跳到桌子上。而且蚕宝宝的盒子还没盖子。猫咪一碰,就打翻了。"

老师:"是呀。大家一起来想想办法吧,我们还有一些蚕宝宝,以后也会跟小朋友回家的。我们怎么保护好蚕宝宝呢?"

孩子们听了蚕宝宝的遭遇,开始为如何保护蚕宝宝"出谋划策"。

子语:"要把蚕宝宝放在猫咪找不到的地方。"

悦悦:"要把蚕宝宝放在加盖的盒子里,这样猫咪就碰不到蚕宝宝了。"

思思:"要用绳子把盒子绑起来,这样就打不开了。"

小宇:"盒子要有通气孔,要不然蚕宝宝会闷死的。"

……

于是老师请孩子们将自己为蚕宝宝构想的"安全小屋"画下来,在观察中讨论哪个小屋最适宜蚕宝宝居住,并提供各类材料,鼓励孩子们尝试制作。

在"蚕宝宝跟我回家"活动过程中,对于出现的"蚕宝宝死亡"等失败情境,教师基于儿童已有的生活经验,多角度理解、关注幼儿。在"为什么会死掉"的讨论中分析失败原因,促使幼儿思维动态发展,产生情感共鸣,引导幼儿为解决问题努力想办法。幼儿融入到"帮蚕宝宝找食物""如何保护蚕宝宝""帮蚕宝宝造安全小屋"等问题情境中,在"发现问题—分析解决问题—产生新问题"的循环推进中,积极思考,剖析失败信息,学会从别人的失败中吸取教训,并尝试避免类似的错误,形成问题思维习惯。该"有效失败"调动了幼儿的思维积极性,培养了幼儿创新思维的持久性。

## 三、自然角活动中,利用"有效失败"培养幼儿创新思维的建议

**(一)重视过程体验,抓住"有效失败",引发创新思维**

1. 淡化知识目标意识

以往我们总是将知识目标放在首位,过度关注结果,忽视了过程体验的重要

性。在培养幼儿创新思维的过程中,我们要尊重幼儿爱探究的天性,淡化自然角种养的知识目标,注重幼儿在种养过程中观察、发现、记录以及提出问题、寻找原因等探究能力的培养。为此,教师应从儿童视角出发,提供贴近幼儿生活经验、为幼儿所喜欢的种养内容,让幼儿在积极主动的种养过程中有效运用已有的种养经验,去观察记录动植物的生长变化,从中发现问题、提出问题。教师通过"有效失败",促使幼儿不断探究,引发主观能动性,提升创新思维能力。

2. 关注幼儿认知水平

在重视过程体验中,需要关注幼儿的认知水平。幼儿创新思维的培养需要建立在幼儿认知水平的基础上,不同年龄阶段幼儿的认知水平是不同的。自然角种养的动植物要和幼儿的年龄特点与认知水平相适应。例如,种植生活中常见的豆类时,小班幼儿可选择长速快、变化明显、影响因素简单的黄豆,一旦出现失败,就能快速找到问题,重新种植;中班幼儿可种植需要一定生长周期的爬藤豆类,如豇豆,探究怎样让豇豆向上爬藤,在观察比较中发现失败;大班幼儿可在暖房、暗房、湿房进行"绿豆发芽"种植活动,在假设验证中发觉失败,并在探究尝试中解决问题。只有契合幼儿认知水平的种养过程,才能满足幼儿的发展需求,触发"有效失败",培养幼儿的创新思维。

### (二) 开展多元化的评价,发现"有效失败",发展创新思维

1. 幼儿自我评价

幼儿自我评价是指,幼儿运用观察记录、绘画表征、交流分享等方式,对自己所做的事情进行评价。自我评价的过程也是幼儿建立自我认识,提升自尊心和自信心,培养独立思考、自主学习能力的过程。因此,以自然角种养为契机,通过幼儿的自我评价,让"有效失败"的经历成为幼儿在种养过程中自然发现、主动探究的过程,成为幼儿主动分析问题、梳理做法、总结经验的过程,成为激发幼儿内驱

力、发展幼儿创新思维的过程。

2. 多元成人评价

在幼儿的种植、饲养过程中,成人要给予更多态度、能力等方面的肯定,在孩子遇到问题或求助时给予适宜的支持。成人可以通过一对一倾听、现场视频、观察记录等多种手段,发现并分析幼儿在种养过程中遇到的"有效失败"的价值,并根据幼儿的需求给予适时、适宜的支持。帮助幼儿直面失败,从中去分析原因、寻求答案,在此基础上乐意持续探究,直至获得"有效失败"带来的成功体验。

### (三) 将问题导向贯穿整个活动,解决"有效失败",养成创新思维

1. 创设"问题墙"

幼儿因为年龄、经验限制,对于成人会比较依赖,遇到问题缺乏自己想办法分析、解决问题的意识和能力。创设"问题墙",可帮助幼儿将自己的发现通过图符的方式记录并呈现出来,这既满足幼儿持续观察记录的需求,也是幼儿自我提出问题、尝试解决问题的一种表征方式。"问题墙"成为幼儿展示自己思维过程的物质媒介,也是教师观察了解孩子在种养过程中如何解决问题的媒介,教师能由此分析判断幼儿是否遇到了"有效失败",以及"有效失败"的价值。

2. 开展"提问一刻"

具体形象是幼儿的思维特点,对于无法用绘画表征的问题、动态发展的问题,幼儿可以通过"提问一刻"的形式提出。他们可以将种养的植物或动物在实物展示台上边展示边讲解,请同伴、老师一起参与讨论,共同商量,提出解决问题的建议、方法等。在生生、师生之间的有效互动过程中,可帮助提出问题的孩子积累经验,引发其继续探究的积极性,促进创新思维的发展。

在创新的道路上,失败是不可避免的。教师要用发展的眼光去看幼儿,引导幼儿正视失败,在失败中体验和感悟,从失败中汲取养分,积极利用"有效失败"来

培养幼儿的创新思维。

**参考文献**

[1] 汤铭. 促进学生"创新思维"发展的思维导图教学研究[D]. 上海：上海师范大学, 2006.

[2] 吴静. 基于思维导图培养学生创新思维的教学模式研究[D]. 石家庄：河北师范大学, 2012.

[3] 甄丹蕾, 刘徽. 有效失败：失败的项目, 成功的学习[J]. 上海教育, 2020(26)：49-51.

(本文作者：黄芳　上海市浦东新区香山幼儿园教师　教龄27年)

# 4. 公开课失败后，寻找"听"得见的数学思维

数学语言是表达数学思维的最佳载体之一。《义务教育数学课程标准（2022年版）》新增了"三会"核心素养，其中两会是指会用数学的思维思考现实世界，会用数学的语言表达现实世界。我认为，欲善数学核心素养之事，必敲思维发展之门；欲启思维发展之门，必寻数学表达之钥。

## 一、研究缘起——那一节失败的公开课

九月的第三周，学校迎来了一项常规工作——学期初开学工作调研，我领到了上一节数学公开课的任务。那时的我刚从高段数学返下来教一年级，对于我来说，一年级教材的内容都是非常简单的，于是我没有按照正常的教学进度准备，而是直接跳到了第七单元"认识钟表"的内容。为什么挑选这块内容呢？原因有二：一是我认为"认识钟表"是一块独立的内容，对于一年级的学生来说并不陌生，学

生在生活中经常接触钟表,大部分学生对钟表上的时针、分针、秒针都有一定的认识,甚至一部分"起步早"的学生已经会认钟表上的整时和半时了;二是我觉得可对"认识钟表"这块内容设计丰富的活动,能让学生"动"起来——看一看、说一说、拨一拨、画一画、猜一猜……让学生充分观察、比较、操作、探究、表达,这样的课堂比较"活",教师容易"秀"。

在准备期间,我观摩了多位特级教师执教该课的情况,也做了很多漂亮的学具钟表(图1),自信满满地迎来了我的公开课。

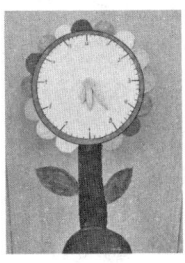

**图1 "认识钟表"学具**

可是在公开课的执教过程中,画面却是这样的:

"小朋友们,请仔细观察老师的这个钟面,说说钟面上有什么?"

孩子们看到教室里坐着好几位陌生的老师,一下子都变得非常乖巧,你看看我,我看看你,端正地坐着,一个也不敢举手回答。

"同学们,胆子大一点,说错了没关系的。来,煜城,你来说说,老师的这个钟面上有什么?"

"有……有字。"

"哦,是数字,对吗? 那有哪些数字呢? 除了数字还有什么?"

"有1、2、3……"

煜城同学低着头不肯往下说了。

"晨希,你来帮煜城说说,钟面上分别有什么?"

"我看到了三根线。"

……

这时,我心里顿感不妙,学生不敢说,放不开,这样的数学课怎么上下去呢?于是,我"生拉硬拽"地叫了几个学生,花了十多分钟,勉强把第一环节"认识钟面"完成了。可是在第二个环节"认识整时"时,又一次出现了冷场的画面:

"同学们,请观察钟表在4时、6时、10时等时刻时的时针和分针,你们有什么发现?"这时,班级中有几位学生开始举手发言,但当他们站起来回答时,却很胆怯,说话断断续续地,还说不完整。平时做作业时正确率很高的孩子,在今天的课堂上也低着头不敢举手发言。

结果,原本设计的"有趣"的游戏,最后变成了老师一个人的"花拳绣腿",甚至是"独角戏",课堂"沉闷至极"。

## 二、问题剖析——大环境下的学与教

课后,我对整堂课的教学进行了深度的反思。

虽然我在公开课前花了大量的时间去解读教材,精心设计教学环节,但唯独忘记了分析学情,这是我在课前做得最少的功课。在我的潜意识里,总觉得低年级的孩子能说会道,在课堂上一定会按照教师的思路去思考、去配合,可事实上不是这样的。我仔细回忆了一下,其实在平时的数学课堂中,我们的孩子确实存在着"畏而不答、知而浅答、思而难答"的现象。为什么会这样呢?究其原因,主要有三点。

**(一) 环境因素**

平水镇中心小学地处绍兴南部山区,与城区小学相比,这里的家长文化水平普遍不高,思想较落后,对孩子的教育不够重视。部分年轻的家长为了生计选择外出打工,把孩子交给年迈的父母照顾,无暇顾及孩子的教育;部分家长因留在当地从事高强度的工作,与孩子的沟通时间少之又少,对孩子的学习只是形式上的关注,最常见的就是只关注孩子的作业是否完成,很少会关注孩子内在的能力素养,缺少对孩子语言能力发展的引导与帮助。

**(二) 课时因素**

在国家义务教育课程的安排中,数学课程一周只有四个课时,每天只有短短的四十分钟,如果教师要在课堂上训练每个学生的数学表达能力,那么知识的新授、巩固和应用时间会受到很大影响,进而影响教学进度。因此,在常规的数学课堂上,大部分教师仍采用传统的教学模式:教师"说",学生"听"。学生缺少"说"的机会,结果慢慢变成了"哑巴"。

**(三) 教师因素**

1. 教学观念有待更新

受应试教育的影响,山区一线教师对分数比较看重。他们更愿意将课堂时间花在讲题、做题、析题上,认为"学生不会说没有关系,只要能写对就行"。这种眼里只有"分",而掩盖学生思维涌动、思辨热情的教学观念亟待更新。

### 2. 教学评价方式单一

在日常教学中，教师常用学生的卷面成绩、作业批改情况来评判学生的学习效果。对于做错的题目，教师通常会挑选难题进行集中讲评，而把简单的错题直接交给孩子进行二次或多次订正。其实，低段孩子在订正数学错题时，有一部分孩子是"蒙"出来的，如要改变这种"假订正"的状态，教师更需要听听学生的"解题思路"。

### 3. 缺少过程性表达指导

部分教师已经意识到培养学生的数学表达能力是一件非常重要的事，但由于课堂时间的限制和学生人数多的现状，教师在课堂上留给学生交流讨论、汇报表达的时间并不充裕，他们对学生数学表达能力的培养也只是"走过场"。课堂上，我们经常听到老师抛出"是不是""对不对"等封闭式问题，台下的学生也经常"异口同声""人云亦云"，这种没有"营养"的问答，"填空"式的交流，无法让学生进行深入的、条理性的思考。其实，教师更要对学生进行过程性的表达指导，例如让学生寻找并读出题目中的数学信息，接着引导学生说说思维过程、说说算理、说说解法、说说联系、说说反思，让学生在课堂上勇于表达，并展露思维，从而走进深度学习的数学课堂。

## 三、寻找路径——"每日一题我来讲"

心理学表明，小学低年级是学生语言发展的起步阶段，第一学段是培养学生语言表达能力的最佳时期。教师要抓住这个黄金时期让学生"会说话"。但小学生数学语言的提升不是一蹴而就的事情，它需要教师、学生、家长共同努力，循序渐进地帮助学生提升数学语言表达能力，促进数学思维的发展。结合现状，要提升山区学生的数学语言表达能力和逻辑思维能力，教师应该有目的、有意识地对学生进行针对性训练,在潜移默化中慢慢提升学生的表达能力和思维能力。

如何通过活动设计有效促进学生的数学语言和数学思维发展呢?如何顺应学路,在教学中变"重知识传授"为"重能力培养",变"重成绩"为"重发展"?如何让孩子在数学课堂中,不仅能学到更多的知识,更能体会到学习的快乐?针对这一系列问题,学校数学组老师开始寻找方法。通过开展访谈,倾听学生和家长的心声,同时经过一次次摸索,最后数学组推出了第一学段高阶思维课堂项目化的教学活动:"每日一题我来讲"。

### (一)组建团队——在合作中看见教师成长

一个人可以走很快,一群人可以走很远!在实践探究中,平水小学数学组组成了一个"每日一题我来讲"的工作团队,组内老师们互相学习、交换信息、共享经验,同时彼此支持、群策群力,共同承担"每日一题我来讲"的辅导任务。在教学实践探索中,我们认同教学理念,借鉴教学经验,研讨教学策略,并提出建设性意见,解决教学实际问题,共享教学成果,使每位教师在彼此合作中共同成长。

### (二)项目实践——在活动中看见孩子成长

1. 项目初步构思

"每日一题"即每天布置一道有趣味性、挑战性,激发学生学习兴趣,拓展数学知识,强化学生思维训练的习题,内容可以是数学聪明题、数学迷宫、数学拼图、数学剪纸、数学小制作等,然后挑选一位学生进行有效的点拨与辅导,让学生根据每日一题的内容,从"审题分析、解题思路、解题步骤、总结提升"四个环节进行分析讲解(表1)。

表1 "每日一题我来讲"项目构思

| 主要环节 | 讲解要点 | 侧重点 | 讲解内容 |
| --- | --- | --- | --- |
| 审题分析 | 说题意 | 明方向 | 说题目类型、说已知未知、说隐含条件 |
| 解题思路 | 说思路 | 重思维 | 说其切入点、说内在联系、说解题方法 |
| 解题步骤 | 说步骤 | 抓规范 | 说解题步骤、说答题规范、说检验过程 |
| 总结提升 | 说方法 | 提能力 | 说深层认识、说方法总结、说变式拓展 |

2. "一波三折"探寻路

### 第一折——学优生的"独角戏"

项目组开始在第一学段挑选两个班进行实验教学。第一步，老师们分析教材，分析学情，并结合平时教学实际，精选习题，提前编制第一学段的"每日一题"。第二步，从班级中挑选最好的学生进行有针对性的辅导。教师引导小老师抓住题目的关键词，找出关键信息，通过画示意图、实物演示等方法，让小老师有条理地说出解题的方法，列出算式，说出答案。第三步，根据小老师的解题步骤和思路，教师帮助学生制作课件。第四步，小老师收到教师提供的课件后，跟着课件的节奏多次练习讲解。第五步，在数学课前、课中抑或课后的五分钟内，数学老师安排小老师在课堂上开展"每日一题我来讲"活动，其他同学则认真倾听学习。

两周后，实验组的老师发出紧急求助，主要问题是班级中的优秀学生已经轮到两三回了，他们对这个"每日一题我来讲"活动的兴趣越来越小，个别优秀学生开始处于"被迫营业"的状态，班级里听的学生也找不到活动刚开始时的那种学习状态了。如何改变学生"被动讲"和"被动听"的现象呢？于是，项目组老师经过分析研讨之后，决定让班级中的每个孩子都来参与"每日一题我来讲"活动，让每个孩子轮流做小老师。

### 第二折——学困生的"蹩脚戏"

实验班马上调整方案,实施的创新举措主要包括:(1)提前一周,数学老师下发5道"每日一题",学生自主认领,按学号轮流讲题;(2)项目组老师每天安排2位老师辅导1个学生,如果遇到基础薄弱的学生,则组内再多加1—2位老师参与辅导;(3)寻求家长帮助,让父母做学生,让孩子做小老师,开展家庭版的"小老师讲题"演练。

试行2周后,我们发现"每日一题我来讲"活动的气氛有了好转。部分平时表现平平、安静内向的孩子,在经过精心准备之后,能自信从容地站在讲台上,清晰地表达自己的想法和解题思路,让老师和同学都刮目相看。在赢得大家热烈掌声的同时,小老师获得了不一样的成就感、愉悦感。但我们也发现了新问题:个别胆小、不自信、基础差的孩子,虽然提前经过多次练习,但一上讲台还是出现了"思路混乱、讲不下去"的情况,这时又遭到个别不懂事孩子的嘲笑,无形中使信心和勇气都受到了打击,产生了"畏惧"的心理。

如何改变呢?我们团队研讨之后又进行了改进:(1)模式开放,由学号轮流制改成自主报名制;(2)形式开放,视频讲题和现场讲题两种形式并行。

### 第三折——学优生吃不饱,学困生吃不了

在第三轮的探索中,我们发现"每日一题我来讲"活动意外地调动了家长关心孩子学习的热情。家长们积极配合老师,按照活动要求做孩子的"学生",或者帮忙拍摄"每日一题我来讲"的视频发送给老师(图2)。

一段时间之后,学优生主动要求老师加大"每日一题"的难度,进行更高层次的挑战,但学困生却持反对意见,因为如果加大题目的难度,他们害怕自己讲不清楚。于是,我们又进行了新的尝试:(1)分层讲题,例如学困生讲基础题,中等生讲趣味题,学优生讲拓展思维题;(2)组合讲题,个别学生胆子比较小,一个人不敢参加,就可以和好朋友合作,以2人组或多人组的形式合作讲题;(3)安排"周末加

图 2　学生积极参与活动

餐",因为是"周末餐",所以老师设置的题目往往具有一定的挑战性,学生根据自己的能力情况,自愿申报"周末讲题"活动。

3. "讲"出智慧,"题"炼思维

在实践中,小老师在练习准备的时候,常常会出现题目讲不清楚、表述不到位、思路不清晰等问题,这说明学生的思维不是很清晰。小老师要让别人听懂自己所表达的东西,这中间还需要不断思考,不断明晰自己的解题思路,不断练习并拥有自信才行。虽然小老师一次讲题仅有 5 分钟,但从挑选题目到分析解答再到总结提升,从紧张忐忑到努力讲述,最后完美收场,对于学生来说,每一次锻炼都是一次成长。在一次次的成长中,我们"听"到了孩子的思维不断提升的声音。

例如,一年级的一道"排队问题":12 个同学排成一排照相。从左数起,田田排第 8 个,从右数起,晶晶也是第 8 个。田田和晶晶之间有几个小朋友?对于这题,原本班级中学生的出错率高达 82%,错误原因主要有学生的读题能力弱、生活经验缺失、思考问题不全等。徐燕小朋友一开始也是做错的,经过订正后,她觉得自己能讲好这道题,于是她主动申请要讲解这道题。

第一次试讲时,徐燕小老师采用了"直接讲授法",重点是解释"第 8 个"和"8

个"的不同意义。她认为出现错误答案有两种情况:第1种是把第8个看成了前面有8个同学,所以错误地用算式"8+8－12＝4"来解答;第2种是在理解"田田和晶晶之间有几个小朋友"时,把田田和晶晶也算进去了。听完徐燕小老师的讲解,试听的3位小朋友却皱着眉,有点"云里雾里"的。

于是,我给徐燕小老师提示:"你能不能换种方法讲,让这个'排队问题'听起来更直观、更形象?"徐燕同学带着问题回去思考。这样就有了第二次的试讲,这一次她带来了自己的画图作品,第一种用了圈圈图,第二种用了数轴图(图3)。她还一脸自信地说:"张老师,在明天的小老师讲题时,除了画图的方法,我还打算找12个同学上讲台现场演示,这样同学们应该能听明白了吧。"我满意地点点头,又给了她一个小建议:"讲完后,你可以给同学们出1道举一反三的题目,检查同学们是否真的听懂了,最后再总结自己的解题方法。"

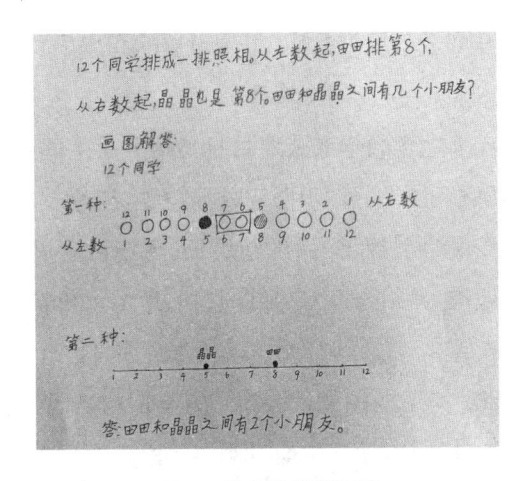

图3 学生的讲题思路

在老师和家长的帮助下,第三天徐燕小朋友大胆自信地走上讲台,有模有样地做起了小老师,同学们听得格外专注。令人欣喜的是,在小老师的举一反三练习中,同学们运用画图的方法,简单轻松地解决了变式题。小老师又通过"排队做游戏"活动来进行拓展提升,把一道题延伸到一类题,最后借助课件总结了"排队问题"的方法:(1)解决"排队问题"时我们可以用小圆圈代替排队的人,用其他图形代替特定的人;(2)要弄清排队的顺序、方向以及特定人的位置;(3)计算总人数时,如果特定的人重复数了两次,就要减去1,如果一次也没有数,就要加上1……

美丽的风景总是在路上!徐燕小老师从"简单讲述"到"画图助解"再到"游戏拓展",这种让孩子渐渐顿悟出多种方法的过程是多么美妙啊,这就是"发展"!我们要让学生从简单的对知识、技能的习得,慢慢深入到对数学思想的感悟,最后上升到数学思维品质、思维习惯的高度。

4. 项目活动评价

数学教学的最终目标是培养学生的核心素养,小老师讲题可以让学生的数学思维可"视"可"听",它外显逻辑,构建关联,内化知识,明晰本质。项目组通过"题稿设计展评、微课讲题展评、现场讲题展评"等过程性评价策略,凸显学生的主体地位,并结合"小老师课堂积分"的评价机制,实现情感激发,切实提升学生的核心素养。

(1)题稿设计展评。每学期初,项目组组织学生开展"每日一题我来讲"题稿设计展评,让学生通过画图、计算、推理等方法分析、解决问题,方便老师观测学生的认知水平和思维水平,有效分析学生的思维障碍。此活动便于学生多人参与,效率高,可复查,可比较。

(2)微课讲题展评。每学期中,项目组发动各班开展微课讲题展评活动,每个微课视频时间控制在 2—5 分钟。性格内向和基础薄弱的孩子比较喜欢此项活动,因为当他们讲题讲不下去时,可以随时停下来再练习,练习好了让父母重新录制,然后把最好的微课视频发给老师。对于优秀的微课作品,项目组老师会及时保存,并作为优秀学习资料分享给不同班级、不同时间段的学生观看学习,但缺点是录制视频比较费时,讲题的现场感不强。

(3)现场讲题展评。每学期末,项目组安排每班 20% 的学生报名参加现场讲题活动,通过"抽签选题—现场讲题—评委点评"三个环节有序开展。选手们在抽签后有20分钟的准备时间来构思讲题流程,设计讲题台词。在现场讲题环节,孩子们通过准确、精炼、清晰的数学语言表述思维过程,培养学习的主动性,树立学习的自信心,提高听说能力和思维能力。

项目组还运用"小老师课堂积分"评价机制,激发学生参与的积极性。学生每参加一次小老师讲题,即可获得1个积分。积分只按讲题次数来累积,不以讲题的质量为依据。每月汇总一次积分情况,及时公布"每日一题我来讲"的荣誉榜,并颁发"优秀小讲师"奖状。

## 四、成效与反思

### (一)"小改变"促进"大提升"

自2021年7月国家发布"双减"政策,一二年级学生不留书面作业后,我们的小老师说题就成了学生最喜爱的口头作业之一。一年来,小老师讲题活动这一"小改变",让学生从"被动听"转为"主动学",大大提升了学生的思维习惯和表达交流能力,让学生的学习质量大大提升,有效助推"双减"政策真正落地。

### (二)"小活动"促进"大改变"

五分钟的"小活动",突破课时束缚,促进了课堂的"大改变"。在大型的公开课上,我们的学生"不爱说,不会说"的现象已一去不复返,孩子们逐渐变得大胆自信、能言善辩、敢于质疑、敢于批判。2022年,学校举办"若耶之秋"教科节语文专场活动,全国著名特级教师周一贯先生前来指导。在活动中,周先生看到孩子们在课堂上的精彩表现后,给予了高度评价:"在平水小学,我看到了'山区,一样能够给孩子创造高质量的教育'"。

### (三)"小课堂"搬上"大舞台"

通过"每日一题我来讲"活动,以及在老师们的有效指导下,孩子们的讲题能力迅速提升。老师们把优秀讲题视频录制下来分享到班级群,同时又在"之江汇教育广场"上开通了"每日一题我来讲"小老师在线课堂,把我们的"小课堂"搬上了"大舞台"(图4)。当孩子们看到自己的讲题微课吸引了各个城市的小朋友前来围观学习时,顿时成就感满满。这也进一步激发孩子们对"每日一题我来讲"活动的学习热情,激励他们向更好、更高的目标攀登。

图4 "每日一题我来讲"小老师在线课堂

经过一年多的实践探究,第一学段"每日一题我来讲"活动逐步走向成熟,接下来我们考虑:如何在3—6年级更好、更全面地铺开?如何积累并编写优质的"说题材料"?如何与周边学校互"联"互"动"?如何将数学说题与生活实践紧密联系?……带着思考,保持"热爱",我们将继续前行,寻找远方"更美的风景"!

## 参考文献

[1] 李士锜,吴颖康.数学教学心理学[M].上海:华东师范大学出版社,2011.

[2] 刘善娜.探究性作业:发展高阶思维的路径[J].2018(2):9-16.

[3] 郑毓信.语言与数学教育[J].数学教育学报,2004(3):6-12.

[4] 朱德江.以深度教学成就深度学习[J].小学数学教师,2016(3):12-19.

(本文作者:张建英　浙江省绍兴市柯桥区平水镇中心小学数学教师　教龄22年)

第二章

**课程开发：创新素养何以承载**

从社会的角度考察教育和创造力对中国还有另一层意义。在谈到培养创造力时,从教育决策层到基层教师,常常把它看成是一个技术问题,如课程、教学如何改进,如何选拔"拔尖创新人才"。但是,如果不从价值观上认同人的个性自由、独立思考,认可对权威的怀疑和挑战,尊重包容"离经叛道"的思想,允许尝试和"犯错误",那么,培养创造力就无从谈起。因此,创造力的解放首先是精神的自由和解放。

(Anna Craft:《创造力和教育的未来——数字时代的学习》.张恒升,译.上海:华东师范大学出版社,2013:2—3.)

## 5. 基于 PBL 理念的校本课程开发的创新意义与失败学习

——以"地域视野下的文学作品研读"为例

随着新一轮教育改革的深化，我们致力于培养适应未来社会发展需求的创新人才。在高质量实施国家课程的基础之上，推进并完善校本课程建设是全面发展学生核心素养的有效路径。由于各方面因素的制约，校本课程的开发可能面临反思、改进乃至重组的过程。心理学家马努·卡普尔基于是否有效的视角，将失败与成功分为无效失败、无效成功、有效失败和有效成功。基于此，我们思考在 PBL 理念指导下进行校本课程开发，对其过程中的失败经验进行学习总结，避免"无效失败"，利用"有效失败"，以探索更有效能的课程实践和创新策略。也就是说，对基于 PBL 理念的校本课程中的失败案例或者案例中的失败成分进行梳理，分析导致失败的因素、成分和环节，以期为后续课程的成功开发奠定基础。

## 一、基于 PBL 理念的校本课程开发背景

对于作为学习模式的 PBL 有三种不同的理解。一种是以问题为导向的学习（problem-based learning），一种是以项目为导向的学习（project-based learning），也就是一般意义上的项目式学习，两种理解各有侧重，分别指向问题的解决和真实情境中的产品制作。第三种理解则是对前两种的整合："以问题为导向、以项目为基础的学习"（problem-oriented and project-based learning）。

### (一) 基于 PBL 理念的课程特征

根据相关理论基础和诸多实践元素，可将基于 PBL 理念的课程（以下简称"PBL 课程"）的主要特征归纳如下：

1. 问题或项目贯穿始终

PBL 课程主要围绕"问题"或"项目"组织学习，改变了传统以知识传授与获得为中心的教学方式，有着相对清晰的课程目标和流程。

2. 重视学习者主动探索

PBL 课程的学习过程主要表现为学生围绕问题或项目进行小组合作式探究，充分重视学生的自主学习意识，避免教师对学生进行传统意义上的知识灌输。

3. 注重系统性解决问题

PBL 课程注重培养学生系统性学习和解决问题的能力，一方面有赖于系统性思维构建，整合不同阶段、不同面向的项目和任务，形成多点联系的高阶思维品质；另一方面也具有跨学科的性质，即根据任务特点，融合不同学科的知识结构和思维方法解决问题。

4. 基于真实情境的学习

PBL 课程侧重于问题解决和项目执行,与真实生活相关联。"问题"是复杂的、具有探究价值的,"项目"通常以真实生活中遇到的情境为前提。两者旨在推动学生迁移知识和能力以解决现实问题。

**(二) 校本课程融入 PBL 理念的创新意义**

校本课程是学校结合实际情况和学生需求开发出来的旨在提升学生综合素质、丰富学生校园生活的课程类型。校本课程的开发依据是"地方社会发展要求、学校传统优势以及学生发展的兴趣与需求"。在不同地区,学校由于教育教学观念不一,对校本课程的功能定位也是千差万别的。以笔者所任职的西安交通大学苏州附属中学为例,学校位于教育理念相对发达的区域,较为重视校本课程,以提升学生综合素养、拓宽学生眼界,不完全以功利性的目标衡量学生和教师,鼓励教师自主开发校本课程。

学校强调"科技特色"与"人文特色"并重,打造标准课程、拓展课程、荣誉课程、国际课程的"融创"教育课程体系。校本课程主要以选修课、研学活动、社团活动、汇报演出、微信公众号发布等形式实施。其中,选修课作为校本课程实施的重要阵地,主要面向高一和高二年级有兴趣的学生。

然而,校本课程在实际开发和具体实践中却面临着不少问题:校本课程与国家课程之间缺少内在的逻辑联系,出现各行其道或完全重叠的现象;课程多以教师个人的特长和兴趣为开发方向,未充分考虑学生的实际需求;实施课程时未能有效调动学生的参与意识,出现学生被动学习的情况;课程实施过程中缺乏统筹规划,相关成果未被及时保存以获得承继;课程评价方式较为单一,未被纳入学生综合素质评价系统;等等。

基于对上述问题的回应与解决,将 PBL 理念融入校本课程有以下创新意义。

1. 增强课程开发、实施与评价的系统性

PBL课程以具体问题的解决和项目产品的产出为导向，既定目标的确立能够让具体的学习活动、任务之间呈现严密的逻辑序列。教师可以通过PBL课程设计对校本课程进行整体把握，也可对相关输出成果进行系统管理和可持续开发。学生在课程的各个环节都有明确的目标意识，从而改进、修正自己的思维和行为。例如，学校以戏剧节活动的形式开展PBL课程，学生可以从编写剧本、排练演出、选购戏服、海报宣传、观影报告等各个环节中获得具身认知，并以"古韵今风"戏剧节剧本汇编、文学社《湖右翰墨》社刊刊发等形式呈现相关成果。

2. 充分调动学生的学习主动性

PBL课程多以学生的兴趣为基础，并开展形式丰富多样的小组活动。学生不再将校本课程视作国家课程的延续，而是对国家课程的补充和深化，真正在相关学习活动中产生了主体意识。学生在小组活动中有着较强的参与感，可以充分发挥自己的特长。PBL课程的情境往往是真实的生活情境，并非局限于课堂，可引导学生迁移运用在国家课程中习得的知识与能力，激发学生在复杂情境中解决问题的成就感。例如，学生在"北极科考"研学活动中，考察了北极的地方风貌，观察了北极动植物的生长环境及形态特征，研究了北极地区人类活动的历史等，对地理课本上的相关知识产生了具身认知。

3. 发展学生的高阶思维能力

PBL课程涉及的问题往往呈现非结构化的特征，学生在探究过程中需要借助跨学科的知识分析并解决问题，可促进学生在各学科知识与知识、知识与问题、问题与生活之间建立结构性关联，促使学生综合运用多种思维方式思考，提升思维水平。例如，学校在"审辨式思维培育"校本课程开发中，既吸收转化了整本书阅读、时评写作的相关成果,也结合了"逻辑与谬误""思辨与生活"等人文专题,还开发了"语言中的中国文化""古诗词与时令习俗"等微专题研究。学生在此过程中可以感受到学科、知识、问题及生活之间产生的思维碰撞。

4. 打破学科壁垒,实现学科融合

传统意义上的课堂之所以陷入固化甚至僵化的模式,是因为更多地在本学科边界内进行教学,对学科之外的知识背景要么选择回避,要么将其作为细枝末节的技术性问题而加以简单处理。如此固然可以在某个专业领域内走向深入,但不利于学生综合运用知识和能力解决现实问题。学生在 PBL 课程中所遇到的问题基于真实情境产生,学科属性则隐没在问题解决和项目实施的背后,成为其支架。例如,在学校暑期组织的"丝路文化考察"研学活动中,学生既可以领略相关城市的历史人文,也可以观察沿线的地形地貌,还可以采集各地的动植物标本,完成文化遗址的实地考察等。

## 二、基于 PBL 理念的校本课程案例设计与失败反思

以校本课程"地域视野下的文学作品研读"开发为例。该课程基于问题导向和项目化学习的理念,让学生通过作品研读、纪录片赏析等任务,结合对作家作品内容的理解、人生经历的探视、所游历地域历史等信息的梳理,旨在让学生在问题导向和项目化学习中产生具身认知,在真实情境中形成"身体力行的实践经验"。

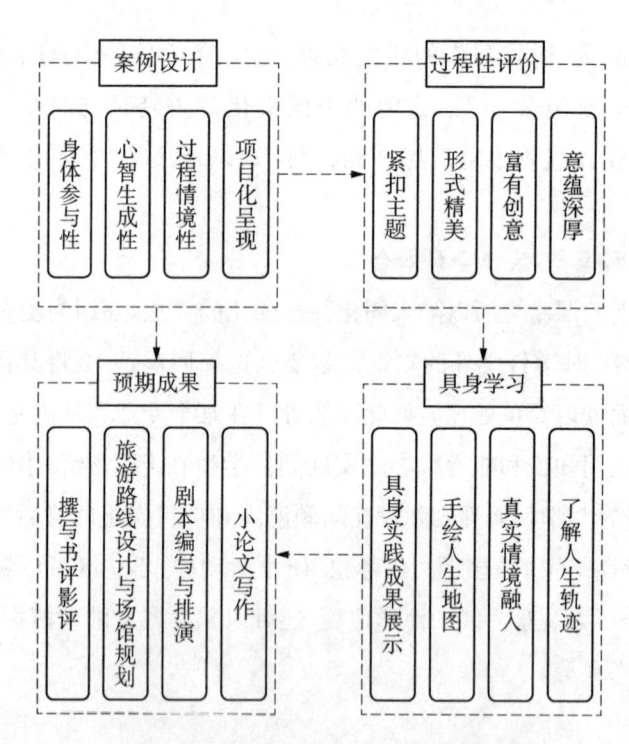

图 1 基于 PBL 理念的校本课程案例设计

### (一) 案例设计、预期成果和创新体现

1. 基于 PBL 理念的校本课程设计

表 1 "地域视野下的文学作品研读"课程设计

| 维度 | PBL 理念 | 内容 | 方式 | 课时 |
|---|---|---|---|---|
| 目标 | 项目化学习 | 收集一位唐宋诗人的信息资料，绘制"人生地图" | 教师课堂授课及学生活动成果展示 | 18 课时 |
| | 问题导向 | 以现代视野重看古代文学 | | |
| | | 探究作家创作与人文地理的关系 | | |

(续 表)

| 维度 | PBL 理念 | 内容 | 方式 | 课时 |
|---|---|---|---|---|
| 流程 | 学习者主动探索 | 学生根据课程目标进行选题组队 | 学生访谈、课堂讨论及表格填写 | 1课时 |
| | 系统性知识解决 | 对诗人的人生经历进行梳理 | 教师串讲人物经历 | 3课时 |
| | | | 学生观看纪录片 | 3课时 |
| | | | 选择一位诗人初步绘制人生地图 | 3课时 |
| | 真实情境融入 | 查找资料,推想诗人创作的心境 | 赏春/赏月/美食诗句 | 2课时 |
| | | 结合当下,通过诗人宣传当地文化 | 设计诗人场馆/旅游路线 | 2课时 |
| | 项目贯穿始终 | 形成手绘或电子地图 | 赏春/赏月/美食地图 | 2课时 |
| | | 各小组展示人生地图作品,并展出相关选做任务作品 | 过程性成果展示及最终评价 | 2课时 |

2. 基于PBL理念的校本课程开发的预期成果

表2 "地域视野下的文学作品研读"课程预期成果

| 任务类型 | 预期成果 | 要求和提示 |
|---|---|---|
| 必做任务 | 手绘人文地图 | 选择某个主题,基于某位唐宋诗人的经历与作品绘制人文地图,比如赏春地图、赏月地图、美食地图等 |

（续　表）

| 任务类型 | 预期成果 | 要求和提示 |
| --- | --- | --- |
| | 撰写书评影评 | 通过阅读人物传记、观看纪录片，探究某位文化名人与地域之间的关系。比如，诗人一生中跨越了哪些区域，这些区域有什么特点(气候、交通、民俗等)，对诗人的创作有何影响 |
| | 旅游路线设计与场馆规划 | 借助某位诗人在某地的作品，结合当地历史和地理特点，设计名胜景点的旅游路线、介绍词及场馆布景 |
| 选做任务 | 漫画创作<br>剧本编写与排演<br>小论文写作 | 同学们根据自身特长和兴趣，选择某位诗人生平的一个重要片段，进行艺术性改编和文化性思考 |

3. 基于 PBL 理念的校本课程案例的创新体现

校本课程"地域视野下的文学作品研读"融合 PBL 理念，以具身认知理论为依据，其创新性主要体现在以下几个方面。

(1) 具身认知理论引领学生创制"人生地图"。关于诗人的"人生地图"，已经有相关的研究成果及出版物，但这些成果仅仅在于呈现地图和罗列诗歌。学生创制"人生地图"及选择相应诗作的过程本身也是获得具身认知、产生具身学习和不断培养创造力的过程。

(2) PBL 理念贯穿"人生地图"绘制始终。在传统的课堂授课模式中，学生往往通过一堂课学习诗人的一首或者几首诗作，对诗人诗作的理解大多是片段化的，并没有形成有机的整体，也很难从"知人论世"的角度对诗人生平及创作动机形成更为深刻的认识。PBL 理念引领下的人生地图和诗人诗作研读的结合则带来了一种更为直观的感受。

(3) 真实情境融入激发学生学习内驱力。只有在真实的情境下，学生才会把学习任务转化为生活经验。虽然校本课程依然是学校课程的一部分，但其设计和实践仍然可以尽可能接近学生的真实生活,在设计中添加真实元素,让学生能够全身心投入,激发自身学习的内驱力。

(4)成果多样性充分展示学生创造力。与"人生地图"的项目学习任务相应的成果形态还有书评影评、旅游路线设计与场馆规划、漫画创作、剧本编写与排演、小论文写作等,全方面考虑学生各方面的能力特长,融入真实的生活情境和学习情境,通过语文、地理、历史等多个学科的贯通,为培养学生的创造力搭建平台。

### (二)基于 PBL 理念的校本课程开发中"无效失败"的反思

虽然 PBL 理念对校本课程的开发与实施有一定的指导意义,但理念的融合往往需要实践的反复检验与修正。基于 PBL 理念的校本课程开发本身是一个不断学习、尝试与反思的过程,在此过程中也有可能产生学生学习参与度不够、作品完成度较低等不太符合预期的结果,也就是"无效失败"。

1. "无效失败"产生的因素

"无效失败"的概念从认知心理学中发展和引申而来,是相对于"有效失败"的一种失败形态。基于 PBL 理念的校本课程开发中的"无效失败"可能源自外在不可克服的因素以及本身设计理念的偏差。学习者在"无效失败"中并不能获得成长的契机。校本课程开发者应当尽可能地降低"无效失败"的比例或避免"无效失败"的影响。对于"地域视域下的文学作品研读"课程,主要从外界因素和设计层面观照与反思该案例在实践层面上的"无效失败"。

(1)校本课程的开展难以得到足够的保障。该校本课程主要以一周一节的选修课的形式推进,但偶尔会被各种临时的活动安排(如考试及学生大会等)打断。此类安插进的活动不仅造成选修课程长达数周的中断,还会使学生的热情和对新课的期待消磨殆尽。多次取消选修课而没有相应的调课机制,也会给学生带来一种心理暗示:该课程是可有可无的。校本课程的考评机制对学生而言,并没有如正常考试一样具有高利害的关系,而教师和学生处于临时班集体中,亦未能建立亲密的师生关系,导致校本课程的实施未得到充分的重视,甚至在课程后期出现个别学生全程写学科作业的现象。

(2) 课程实施难度大,对师生的综合素养要求高。校本课程不同于学科属性较为明显的国家课程,具有一定的跨学科性质。因此,需要不同学科教师的通力合作,调用学生的综合能力,方能有效完成任务。该校本课程涉及的学科有语文、地理、历史、美术等。限于师资条件,课程设计与实施依然停留在某个学科的相对固化的壁垒上,教师亦难以向学生提供本学科之外的更多的帮助。而学生对于该校本课程的认识则依然停留在传统意义上的固化学科上,更多地在学科边界内部进行探索与实践,未能从真正意义上打通学科壁垒,获得综合学科素养和能力的提升。

(3) 任务的思维品质不高,阶段性任务不明。校本课程实施的初期,教师依然摆脱不了用串讲的方式梳理人物生平的想法,依然根据既定的学科逻辑进行知识点的梳理和记忆。结果,学生原本对基于 PBL 理念的校本课程拥有的"有趣""好玩"等心理期待会落空,进而丧失学习热情。从学生后期提交的影评和书评作业看,大部分同学能够结合人物传记或纪录片,对相应人物的生平进行颇为详尽的总结和思考,但从部分同学的作业中可以看出从网上进行机械搬运的痕迹。即便对人物生平进行了梳理,很多学生依然没有和相应的文化人物建立情感上的联系,并没有形成系统性认知。虽有整体上的问题和任务,但阶段性任务不够清晰明朗,导致部分学生茫然无措。

(4) 学生的积极性不高,活动形式单一。通过课堂上的现场调查得知,学生在选课过程中并非完全出于自主选择,部分学生因某些方面的因素被调剂到该选修课程。因该校本课程难度较大、容量较多,如不能调动学生固有的学习经验和学习热情,会使学生难以适应课程节奏,产生退缩和应付的心理。PBL 课程最重要的特点是让学习小组成为学生探索和交流的组织单元。在该校本课程实施过程中,小组合作学习活动的形式整体而言较为单一,集中参加课程学习的形式,以及以集体组织的形式看书、观影、上网查资料等,会让学生丧失交流和协作的机会,抑制其探究和表达的愿望。

2. 对基于PBL理念的校本课程案例的"无效失败"的反思及对策

"无效失败"是课程开发过程中不可忽略的因素,并直接影响课程最终的结果呈现,对"无效失败"进行反思有助于直面存在的现实问题,化不利为有利,直至最终寻找到化解矛盾、解决问题的策略。

首先,在基于PBL理念的校本课程的推进层面获得支持与保障。尽量避免和降低突发性活动对校本课程的影响,如果对校本课程的影响是不可避免的,那么需要有相应的补救措施和应对方案;可以尝试将考评机制纳入校本课程,在终结性评价基础之上增设过程性评价;优质的任务成果有赖于形式多样、内容丰富的资源介入,如为学生提供相应的硬件设施,购买必备的书籍及提供配套的学习资源;教师可提前查阅相关文献并做好充足的预案,掌握系统性的项目管理和项目指导策略。

其次,处理好教师适当引导和学生自主探究的关系。基于PBL理念设置提升学生高阶思维能力的引导性任务,在课程具体实施过程中开发一系列阶段性推进任务。例如,为了让学生在绘制地图的过程中对人物形象有整体的感知,需要保留学生自主梳理文化人物生平的阶段性任务。过程中的子任务指向要明确且有一定的序列性。这个序列由学生根据预期成果进行一步步的细化和分解而来。

再次,学生在小组中要有明确的分工,教师为学生创设交流和展示平台,以及在考评机制中增加对小组整体表现的考评。此外,还可以增设遴选机制和退出机制,鼓励对该校本课程有意愿、有兴趣、有热情的学生继续参加课程学习;而对消极应对课程的学生,则可以动员他们自主选择退出。

最后,教师需要转变观念,使之与有效教学策略匹配。基于 PBL 理念的校本课程的实施路径和最终目的都是调动学生的主动探究能力。虽然教师指导是不可或缺的,但需要找到与学生自主探究的制衡点。若缺乏教师指导,学生则可能会茫然无措;若教师指导过多,则又会扼杀学生学习的主体性和创造力,课程相关成果也终将走向虚假繁荣和"无效成功"。需要找到教师指导与学生自主探究的制衡点,进行精准指导和有效指导。

上述"无效失败"多由选课机制缺陷和设计理念不足导致,教师需要在下一轮校本课程设计与开发过程中充分考虑相关因素并予以改进,尽可能避免类似情况对课程实施产生较大的影响。

### 三、"有效失败"视角下的基于 PBL 理念的校本课程开发策略

"有效失败"指的是学习者在复杂情境下不断试误、反思和调节的过程中所面临的失败,这恰好可以为学习者有效地应对和解决后续问题提供契机。"有效失败"是学习者在探索过程中面临的富有价值、包孕成功可能性的失败,可以是对"无效失败"的反思调整和问题解决,也可以是教师为引导学生进行自主探究而故意设置的障碍。从有效性的视角分析基于 PBL 理念的校本课程设计与实施过程中的失败因素,可以使课程开发不断趋于成熟和完善,并为寻找创新解决策略提供依据。

#### (一) 基于 PBL 理念的校本课程案例任务设计、预期成果和过程性评价的调整

教师可以尝试引导学生对基于 PBL 理念的校本课程开发的失败环节进行适

当调整和合理转化,使学生自行发现解决问题的方法策略,即可使部分失败环节转化为"有效失败"。

1. 基于 PBL 理念的校本课程案例任务设计的调整与落实

在经历泛化意义上的诗人"人生地图"绘制的过程后,学生普遍感受到绘制文化地图和相关项目与任务的难度。经过教师适度引导和学生经验总结与自主讨论,后续课程实施将该子任务调整为:

(1) 从李白、杜甫、苏东坡三位诗人中选一位,通过阅读相应的人物传记,梳理他们在不同阶段不同地域的经历及代表性作品。阅读推荐:林语堂的《苏东坡传》、冯至的《杜甫传》、李长之的《李白传》。

(2) 以小组为单位,选择一位诗人,对其生平与作品进行大致梳理,就赏春、赏月、美食等某一个主题绘制一幅文化地图,并配上相应的诗文。在绘制地图的过程中,经过选题斟酌、观点碰撞、受挫反思,最终小组达成一致意见,形成地图绘制原则和方案。

(3) 将"基于某个地域形成对人物思想、作品等深刻认知"的目标任务改成:选择对苏轼/李白/杜甫文学成就影响最大的某个地域,选取其中的故事。结合学校戏剧节活动进行剧本创作与排演,要求尽可能地展现诗人的精神世界。

相关任务调整由小组组长组织讨论并汇总书面意见,由师生在课堂上共同讨论商定。方案修订过程看似烦琐重复,实则是对问题和项目的细化和落实。学生在信息提炼、内容把握的过程中,有了充分的思考空间。学生在参演剧本时,往往表现出更多的探索欲、表达欲和创新能力,并在此过程中获得具身认知与体验,提升知识、情感与创作表达等方面的综合能力与创新素养。

2. 基于 PBL 理念的校本课程案例的预期成果调整

教师和学生经过前期对课程目标的了解、相关信息收集及任务调整,将中期阶段的选题和最终预期成果进行了调整,如表 3 所示。

表3  课程选题和预期成果调整

| 学生 | 选题方向 | 小组 | 队名 | 预期成果 | 学习方式 |
| --- | --- | --- | --- | --- | --- |
| A | 苏轼 | 1 | 任平生 | 赏月诗句 | 查找信息资料 |
| B | 苏轼 | 1 | 任平生 | 赏月地图 | 绘画 |
| C | 李白 | 3 | 谪仙人 | 小论文 | 论文写作 |
| D | 苏轼 | 1 | 任平生 | 赏春诗句 | 查找信息资料 |
| E | 李白 | 3 | 谪仙人 | 李白纪念馆 | 写设计方案 |
| F | 苏轼 | 1 | 任平生 | 《苏东坡》影评 | 观看纪录片 |
| G | 苏轼 | 1 | 任平生 | 《苏东坡》影评 | 观看纪录片 |
| H | 李白 | 3 | 谪仙人 | 剧本写作 | 写作 |
| I | 李白 | 3 | 谪仙人 | 漫画 | 绘画 |
| J | 苏轼 | 1 | 任平生 | 《苏东坡》影评 | 观看纪录片 |
| K | 杜甫 | 2 | 草堂野老 | 漫画 | 绘画 |
| L | 杜甫 | 2 | 草堂野老 | 《杜甫传》书评 | 阅读书籍 |
| M | 杜甫 | 2 | 草堂野老 | 赏春诗句 | 查找信息资料 |
| N | 杜甫 | 2 | 草堂野老 | 人生地图 | 绘画 |
| O | 杜甫 | 2 | 草堂野老 | 剧本写作 | 写作 |

学生在前期的失败学习中已经充分认识到小组合作的意义。教师引导学生将小组预期成果落实到每个组员，最终以小组汇报的方式展示学习成果。具体学习成果由组长统筹，组员根据个人意愿、兴趣和特长等自主承担某一方面的任务。教师提醒学生，如完成相关实践成果有一定的难度，可以用文字方案的形式替代，以打消学生对必须要圆满完成任务的顾虑。

3. 基于PBL理念的校本课程案例的过程性评价与总结

基于PBL理念的校本课程开发的过程本身即是动态发展、不断走向自我完善的。对学生的评价也应加强过程性评价考量。针对该案例增加过程性评价,如表4所示。

表4 过程性评价表

| 小组编号 | 作品编号 | 评价 | | | | 量化等级 | 作品得分 | 改进建议 |
|---|---|---|---|---|---|---|---|---|
| | | 紧扣主题 | 形式精美 | 富有创意 | 意蕴深厚 | | | |
| | | | | | | 1级(欠缺):0分<br>2级(普通):1分<br>3级(优秀):2分<br>4级(卓越):3分 | | |

过程性评价主要以小组自评、小组互评和教师点评的形式进行。学生通过他人对其阶段性成果的评价,在自我和他人的失败中学习总结经验教训,借助"有效失败"更好地解决问题。

### (二) 以"有效失败"助推基于PBL理念的校本课程的实施

为引导学生更好地解决问题、推进项目的实施,教师可以故意设置"有效失败"环节,让学生适当地从"有效失败"的挫折中收获成长,将"有效失败"作为激励自我不断改进提升的契机,也可以让学生观摩他人的失败案例,将其转化为自身的经验,即突破原有的、固化的认知框架,最终从"有效失败"中找到创新解决的方案和策略。

首先,教师对相关人物的生平进行简单梳理,提供相应的文本资源作为支架,之后不再对人物经历进行串讲,而是让学生经历信息搜集、筛选和整合的"有效失败"。在此基础之上,教师适时地根据学生的阶段性成果和作业反馈进行引导,鼓励学生突破教师提供的认知框架,给出自己的创新思考。

其次,教师推荐给学生的资料更多偏向语文学科领域,且并非完全和课程目标与任务产生正向关联。《普通高中语文课程标准(2017年版2020年修订)》提出,注意在生活和跨学科的学习中学语文、用语文,在学习和运用的过程中提高表达、交流能力。在学生持续学习和深入探索的过程中,教师可鼓励学生对相关书目进行增删取舍。在相关文化人物思想的探究活动中,学生会意识到可以从社会历史、经济现象等方面的著作入手,对其形成综合性认识亦有帮助,借此可以打破对校本课程的学科属性的固化认知。

再次,教师设置的与年级戏剧节活动相关的真实情境,在现实中实现是有一定难度的。班级剧本演出受到活动主题、集体意见、演员选角等各方面的因素制约。如果学生创作的剧本未能入围戏剧节活动,可以借"有效失败"激发学生更好地运用所习得的相关知识进行剧本二次创作。

最后,教师借助过程性评价的方式,让学生互作评委,并提出改进建议。如此,学生便可以通过观摩他人的失败案例,将他人失败的经验作为改进自我学习的借鉴。在集体讨论寻找解决问题的方法和策略的过程中,学生的思维互相碰撞,可能会收获创新解决问题的灵感。

调整后的教学策略的确在一定程度上激发了学生自主学习的探究意识,并在之后的学习活动中展现出更灵活的学习方式,这也给了教师继续探索、持续开发该校本课程实施路径的信心。

## 四、结语

基于PBL理念的校本课程并非新生事物,多以各种类型的校园活动、实践活动或研学活动等形式呈现,但在具体实施中容易沦为"走过场"。课程开发者往往更注重结果是否圆满,而对过程反思不足,既未能充分总结成功的经验,亦未能从失败中汲取经验和教训,因此无法开发具有承继性和创新性的课程。

由此,在基于 PBL 理念的校本课程开发中,需要摆脱功利的思想,摆正对成功的心态。成功并不是唯一的价值取向,未能在真正意义上发生学习行为,即便收获颇丰也是无效的。成功也绝非只看结果,最终的成功往往是由无数细小的成功累积而成的。但需要警惕的是,不要让"无效成功"充斥校本课程开发的过程,让所谓的成果沦为一场场"秀"。

同样,学习者需要接纳失败,将失败视作宝贵的财富。教学是允许并一定存在失败的,重要的不是逃避失败,而是对失败进行反思。教学中"有效失败"的发生有赖于师生双方进行"元认知"的思考。如果教师能在教学过程中对自我行为、认知进行监控和调节,引导学生省察自身,那么起初可能困难重重的项目就有可能顺利开展。如果善于正视、利用、转化失败,在此过程中不断寻找解决策略,那么即便是失败也是有效用的。

基于 PBL 理念的校本课程开发的过程本身便是一个从创新到失败、再到成功的螺旋式上升过程。创新不代表"全新",而是从已知之路中发现和创造"新"的路径。而在发现之路上必然会面临认知不一致的情况,也就是一般意义上的失败。及时反思,调整认知,并作合理的预期,便可能实现最终的成功。即便最终依然未能达到预期,但在此过程中的反思与调整也可以促生"有效失败",这可作为成功的起点。

基于 PBL 理念的校本课程以真实情境为背景,以问题解决为目标,以项目学习为导向,其开发过程中充满了不确定性,看似困难的障碍可以被克服,而看似简单的问题却难以在真正意义上得到解决。当最终预期出现过程性偏差之后,需要及时进行调整。即便最终完成度与最初预期相差甚远,但在此过程中学生通过自身的反思和调整获得了认知的升级,从某种意义上讲也是一种成功,只不过将衡量的视角由外在转向了内在。因此，所谓的成功与失败是基于不同的衡量标准和观察视角的结果评价，换一个标准和视角，对成功与失败的判定便大相径庭。而创新则包含认知和实践的拓新，可以同时拥有外在的失败与内在的成功两副面孔。

除了学生在失败学习中不断提升自我认知，不断尝试新的实践路径，教师也可以借此反思教学设计与课程实施中存在的问题，这可为教师在PBL校本课程后续开发中寻找通往创新解决策略的路径提供样本范例。

**参考文献**

［1］刘徽，杨佳欣，徐玲玲，等.什么样的失败才是成功之母？——有效失败视角下的STEM教学设计研究［J］.华东师范大学学报（教育科学版），2020(06)：43-69.

［2］吴刚.基于问题式学习模式（PBL）的述评［J］.陕西教育（高教版），2012(4)：3-7.

［3］胡定荣.论校本课程开发政策的未来走向［J］.课程·教材·教法，2020(9)：26-33.

［4］叶浩生.身体与学习：具身认知及其对传统教育观的挑战［J］.教育研究，2015(4)：104-114.

［5］中华人民共和国教育部.普通高中语文课程标准（2017年版2020年修订）［S］.北京：人民教育出版社，2020：3，34.

本文系2020年度江苏省基础教育前瞻性教学改革试验项目"具身认知理论下地理实践课程的开发与实施"（项目编号：2020JSQZ0142）以及2022年度江苏省教育学会"十四五"教育科研规划一般课题"语文核心素养视域下信息性阅读测评指标体系的构建与应用"（项目编号：21A16YWSZ215）的阶段性研究成果。

（本文作者：潘书松　江苏省西安交通大学苏州附属中学语文教师　教龄10年
　　　　　兰莉娜　江苏省西安交通大学苏州附属中学语文教师　教龄9年）

## 6. 静候失败，安待创新

——在历史剧创作中探索创新素养的培育路径

2019年，学校历史教研组初次参加"青史杯"高中生历史剧本大赛（下文简称"大赛"）。因缺乏经验，所以只是在暑假找了可能感兴趣的学生仓促完成参赛的历史剧剧本。

基于这一实践问题，学校师生共同踏上了一场在失败中创新的征途。教研组在这场征途中采用了符合"有效失败"理论视角的设计思路，转变对于失败的看法，静候失败，安待创新，逐步开发出"在虚与实之间"的系列化历史剧校本课程，以培育学生的历史学科核心素养和创新素养。

在反思了几次相对匆忙的参与历史剧本大赛的过程和两年来校本课程实施的经验后，教研组摸索出了一些历史剧校本课程开发的经验，具体分为分析失败、变革教学和收获创新三大方面。

## 一、分析失败

分析失败是指系统分析学生在历史剧创作中失败的原因,具体包括明晰培养对象、搭建进阶支架和编制课程大纲三个部分。

### (一)明晰培养对象

1. 失败经历

在早期的 3 次匆忙参赛经历中,教研组都是优先从选修历史的学生中挑选参赛人员的。教研组原本预期,历史剧大赛获奖对提升学生的学习体验具有促进作用,学生应该会有一定的积极性。但结果发现,这些同学并不一定对历史剧创作感兴趣。

2. 创新过程

经过反思,我们发现:本课程最适合选修历史且有兴趣参加历史剧比赛的同学,但也并不限于此。

从理论层面来看,确实存在一些不选修历史但却对历史剧感兴趣,并适合体验历史剧创作的同学,如历史学科核心素养不弱、文笔较好、对与历史剧相似艺术形式感兴趣的同学。从实际情况来看,在 2021 级学生中,有一位积极参与课程的 A 同学,虽不选修历史且选科偏向理科,但具备丰富的历史知识,看过数量极其丰富的影视作品,有一定的史学素养和文学素养。A 同学在课程的各个环节中均展现出优秀的组织能力和执行能力,最终完成的历史剧剧本构思精巧、文笔流畅,赢得了师生的好评。

基于观察和统计,我们发现最终选择全程参与课程的同学存在一些共同特征:这些同学中的大多数(不同年份均在 80% 左右上下浮动)都选修历史;

无论是否选修历史,这些同学均有相对丰富的课内外历史知识,感兴趣的主题较为广泛,涵盖中外的古代史、近代史和现代史,对中国各时代历史感兴趣的同学偏多;相对喜欢个体人物的历史,对宏大叙事的兴趣较弱;接触过的与历史剧有较强相关性的艺术形式包括音乐剧、(微)电影、电视剧和纪录片中的表演片段(如《悲惨世界》(2012年电影版音乐剧)、《汉密尔顿》等),且主要是以视频方式在手机或电脑上欣赏,极少有同学在现场看过各种类型的舞台剧;在价值选择上,2022级同学倾向于选择与家国情怀相关的价值作为作品的主要核心价值。

在实践过程中,我们还发现了一些特别适合选修本课程的同学:2021级A同学对表演感兴趣,不怯场,什么台词都能演,课后会创作歌曲;2022级B同学有较好的文学素养,创作的七言歌行在年级层面展示过;2022级C同学有小说创作的经历,对剧情大纲的拟定和人物设计描写有较为丰富的经验;2022级D同学喜欢拍摄和剪辑视频,对场景设计有较好的把握。

**(二) 搭建进阶支架**

1. 失败经历

在早期的3次匆忙参赛经历中,教研组仅以完成历史剧剧本为目标,没有系统梳理过学生成长的阶段。

2. 创新过程

经过反思,教研组将课程定名为"在虚与实之间",并将课程划分为3个阶段,覆盖了学校安排给校本课程的所有学期,如表1所示。

表 1　历史剧校本课程进阶支架

| 阶段 | 阶段课程副标题 | 学期 | 时间安排 | 主要内容 |
|---|---|---|---|---|
| 1 | 历史的影视抒写 | 高一第一学期期中考试后 | 每周五下午(2课时) | 历史剧赏析 |
| 2 | 历史剧创作 | 高一第二学期 | | 历史剧剧本创作 |
| 3 | 历史的剧本再现 | 高二第一学期 | | 历史剧排演 |

第1阶段开设于高一第一学期期中考试后,时间安排在每周五下午,2课时。学生以历史剧赏析为主题,完成个人任务。这一阶段学生面对的挑战难度较低。学生运用历史剧分析方法,在明晰问题现状和路径的基础上实现目标,出现偏差时往往能在教师提醒后马上改正。

第2阶段开设于高一第二学期初,时间安排在每周五下午,2课时。学生以历史剧剧本创作为主题,2—5人一组。这一阶段学生面临的挑战最大。学生只知道一个模糊的目标,但对于自己有何基础及该怎么做并不清楚,需要在自主尝试的基础上和教师的指导下基本达成目标并不断加以修正。

第3阶段开设于高二第一学期初,时间安排在每周五下午,2课时。学生以历史剧排演为主题,10—20人一组。这一阶段学生同样面临不小的挑战,但由于小组人数较多,分工较细,每位学生不需要完全清楚剧组其他岗位的成员如何完成任务,故难度相对较低。

(三)编制课程大纲

1. 失败经历

在早期的3次匆忙参与经历中,教研组多是以指导的方式帮助学生修改作品,没有系统梳理过学生在创作历史剧的过程中可能会经历哪些失败。

2. 创新过程

经过反思,我们认为历史剧校本课程的第 2 阶段和第 3 阶段具有较强的专业性,需要设计较为系统的课程大纲。

在第 2 阶段,我们参照"青史杯"高中生历史剧本大赛对作品的评价标准,确定了题材选择、人物塑造、结构设置和语言表达四大部分。具体教学计划如表 2 所示(每课时长为 2 课时):

表 2　第 2 阶段教学计划

| 周 | 大赛进度 | 教学进度 |
| --- | --- | --- |
| 2 | 赛事介绍;阅读小组分组;阅读小组研读获奖作品 | |
| 3 | 阅读小组研读获奖作品 | |
| 4 | 主题公布;解题;分剧本小组 | 1 题材选择:学生基于上一次大赛主题尝试选题 |
| 5 | | 1 题材选择:考证历史背景 |
| 6 | | 3 结构设置:基础 |
| 7 | 确定选题;形成大纲 | 1 题材选择:考证历史背景 |
| 8 | | 3 结构设置:基础 |
| 10 | | |
| 11 | 形成初稿 | 4 语言表达:细节(如称呼、用语等)历史考证 |
| 12 | | 3 结构设置:进阶 |
| 13 | | 3 结构设置;4 语言表达:适切舞台;角色动作表情 |
| 14 | | 2 人物塑造:一致性;4 语言表达:文学性 |
| 15 | | 根据实际写作情况补充讲解,如语言表达上有语病、较啰嗦等问题,人物塑造前后不一致等;根据情况邀请语文老师、音乐老师和舞蹈老师进行指导 |
| 16 | | |
| 17 | | |

第 3 阶段，我们计划参照表演专业对"声台形表"的要求制定课程大纲。

## 二、变革教学

变革教学是指创造适合学生试错的教学环境，具体包括变革教学思路和变革课堂形式两个部分。

### （一）变革教学思路

1. 失败经历

历史剧校本课程实施之初，我们受限于教学的传统思路，先讲知识，再让学生实践。传统思路能够以较高的效率传递信息，但也导致教师难以了解学生在讲知识前具有怎样的水平、存在怎样的问题和可能产生怎样的创新，还导致学生在听知识时不知该关注什么，实践时又不知该怎么做。

2. 创新过程

我们将教学思路倒置，即先做再讲。教学思路变革后，学情立刻展现在教师眼前。原先，教师困惑于校本课程不像国家课程一样有系统研制的教材，难以确定课程内容。但在变革后，教师可以通过系统梳理学生实践活动中遇到的问题，形成基本的课程内容，并根据不同小组的具体情况选用相应的内容进行指导。

教学思路变革后，学生有了尝试失败的机会，同时也有了更大的创新空间。因为是学生自己提出了历史剧剧本想要实现的目标，所以往往具有较强的内驱力。教师在这个过程中更多的是起辅助作用。学生需要综合运用自己在语文、英语、历史、艺术等学科中的已有学习成果实现自己想要达成的目标。此时，学生倾向于主动将失败作为自己前期创作的预期结果，并且积极寻求同学和教师的评价。教师也可以提前给学生打预防针，通过举例论证和道理论证，给学生讲解初期尝试失败的常见性和修改的重要性。而在时间安排上,课程也给了学生充裕的试错时间,如第 2 阶段总计 15 课时中,有 12 课时将用于让学生不断试错。

### (二) 变革课堂形式

1. 失败经历

在历史剧校本课程实施之初,我们受限于历史教学的传统思路,以讲授为最主要的形式,兼用讨论、活动等形式。经过讨论反思,我们认为这使得历史课与常规课堂的差别较小,主要区别在于各种形式的史料变成了历史剧,没有适应课程目标的变化。

2. 创新过程

我们将不同教学形式的比重倒置,以讨论、活动、小组合作等形式为主,讲授为辅(根据学情,讲授占每次上课时间的 6.25%~25%)。在历史剧创作中需要用到的一些工具性知识(如剧本结构设计术语等)在讲授后以打印手册的方式下发给学生,方便学生及时查阅。

为保障新的课堂形式能够有效实施,我们也限制了上课人数。理想人数约为 24 人(6 个小组),确保教师有精力深入指导每个小组的剧本。

课堂形式变革后,教师对课程资源的认识发生了变化。原先,历史教师会学习掌握一些非历史专业的基本知识(如剧本写作、舞台表演的知识等)并向学生讲授,但当要求从讲授变为根据具体情况指导训练时,教师的自我学习可能会不够用。这时教师会主动开展跨学科合作,如邀请语文老师指导学生的文字写作,邀请艺术老师培养学生的舞台意识等。历史老师可以通过观察这些教师对学生的指导进行学习,进而提升自己在历史剧写作上的专业能力。

课堂形式变革后,学生有了充分的自主尝试时间,教师可以通过活动设计指导学生。本课程中主要设计了 3 个让学生在体验失败中培养创新素养的教育场景。

(1) 初尝失败

第1个场景是第2阶段初期,用时6个课时的往届获奖剧本研读。

在前2个课时中,学生需要通过小组合作,从提供的数部往届获奖剧本中找出一部未获得一等奖的剧本,正确找出的小组可以获得奖励。教师会提前准备好与小组总数相等的一等奖剧本和一部综合情况良好但未获得一等奖且有1—2处明显不足的剧本。

从实践情况来看,小组竞争与奖励的设计充分调动了学生的积极性,但目前还没有小组找出正确答案,原因在于:一是学生未能充分利用小组,导致低效合作,难以在有限时间内研读完剧本并进行充分交流(阅读量约为剧本数×5 000字,学生逐字阅读速度预设为500字/分钟,每个小组有4—5人);二是学生尚未体验过历史剧创作,仅是零散地知道一些简单的评价剧本的知识,而这些知识的积累则源于学生自己的生活、学习以及课程第1阶段的所学和作业(选择一部历史剧进行介绍并评价)。

经过这次失败,学生初步意识到小组合作和系统学习的重要性。

(2) 习惯失败

第2个场景是几乎贯穿整个第2阶段的剧本修改。

学生会在教师讲授相关知识前先进行尝试。例如,在学生初步形成剧本大纲后,教师才讲解剧本结构设置的相关知识,学生再在此基础上重新审视和修改自己的剧本大纲。

从实践情况来看,讲授知识不再是枯燥被动的,而是成为学生灵感的催化剂。学生会逐条分析自己的作品是否符合某项评价标准或某种技巧是否能够用于完善自己的作品,并在这些过程中产生一些独特的创意。

学生经历了多次试错,在试错的过程中,学生将失败和不完美看作常态,并且主动寻求同学和教师的建议。

（3）不畏失败

第3个场景是第3阶段初期，用时4个课时的往届获奖剧本研读。

学生需要从第2阶段整个班级形成的所有剧本中选出两部剧本进行排演。希望自己的剧本被演绎出来的小组需要竭尽所能地向同学们介绍自己的剧本。在票选出两部剧本后，被选中的小组需要指定1名成员作为导演向全班同学介绍角色，并邀请剧本未被选中的同学加入自己的小组。在确定了两部剧本的演出班底后，学生先自行排练。与第2阶段相似，教师会进行相应部分的指导，帮助学生完善。

从实践情况来看，学生的积极性较高，但受授课时数所限，没有小组能够将剧本真正地转化为舞台剧、广播剧或完整地录制一部历史剧视频。对此，教师还需要进一步调整完善课程。

整体而言，通过上述3个场景的实践，学生已经能够不畏失败，充分享受创新的过程，并在这一过程中磨炼创新精神与品格，提升创新思维和能力。

## 三、收获创新

在充分分析失败和变革教学的基础上，失败不再是负面的，而是必然发生的，并成为滋生创新的土壤。历史剧校本课程在夯实学生历史学科核心素养的基础上，促成了创新素养的培育。

### （一）夯实历史学科核心素养

创新的背后是扎实的基础，历史剧校本课程要培养学生的创新素养，离不开学生扎实的历史学科核心素养。历史剧创作对学生历史素养的要求几乎都处于作为最高水平的水平4,这对学生而言是不小的挑战。

1. 唯物史观

唯物史观是揭示人类社会历史客观基础及发展规律的科学的历史观和方法论。

历史剧创作中的题材选择和人物塑造部分最考验学生的唯物史观素养。学生在预想自己的历史剧会选择哪些历史人物作为主要人物时,倾向于选择"王侯将相"。例如,2022级的同学在当年大赛主题未定时便谈到自己想选秦始皇、曹操、李世民等历史人物的故事。

学生需要像唯物史观水平3和水平4要求的那样:能够从生产力与生产关系、经济基础与上层建筑的辩证关系来理解历史上的发展变化和社会形态的演变过程……理解人民群众在历史发展中的重要作用。例如,2022级的同学在实际写剧本的过程中发现,这些"王侯将相"的故事实在难以打动自己、打动人心,因此或是调整了主要人物,或是变为从对社会影响的视角考察这些"王侯将相"。

2. 时空观念

时空观念是在特定的时间联系和空间联系中对事物进行观察、分析的意识和思维方式。

历史剧创作中的语言表达部分最考验学生的时空观念素养。学生常常依据自己看过的影视作品的印象设计场景,而非阅读相应时代的相关文献形成理解,所以经常出现"关公战秦琼"的情况。例如,2022级E同学所在的小组在描述已经去世的齐景公时使用了"先王"一词,显然不符合齐景公的身份。2022级C同学所在的小组在描绘汉朝的宫廷生活时,多参照清宫剧的措辞用语。

学生需要像时空观念水平4要求的那样:在对历史和现实问题进行独立探究的过程中,能将其置于具体的时空框架下;能够选择恰当的时空尺度对其进行分析、综合、比较,在此基础上作出合理的论述。例如,2022级C同学在反思后查找了相关史料,调整了一些道具的设定,使其符合时代背景。

3. 史料实证

史料实证是指对获取的史料进行辨析,并运用可信的史料来努力重现历史真实的态度与方法。

历史剧创作中的题材选择部分最考验学生的史料实证素养。学生常常会基于一个未经考证的模糊印象形成一个场景,而不是充分阅读相关史料后再去塑造场景,这就导致这些场景读起来略显空洞。例如,2022 级 E 同学所在的小组在设计司马光编纂《资治通鉴》的场景时,因缺乏考证,混淆了开始编纂《通鉴》和《通鉴》被宋神宗赐名为《资治通鉴》的先后顺序,导致整个场景的设计不成立。

学生需要像史料实证水平 4 要求的那样:在对历史和现实问题进行独立探究的过程中,能够恰当地运用史料对所探究问题进行论述;能够符合规范地引用史料。例如,2022 级 E 同学在反思后查找了相关史料,并打印出来与小组成员一起核对,确保自己的剧本有历史依据。

4. 历史解释

历史解释是指以史料为依据,对历史事物进行理性分析和客观评判的态度、能力与方法。

历史剧创作中的人物塑造部分最考验学生的历史解释素养。学生有时需要在缺乏足够史料直接依据的基础上塑造人物的心理活动,使其符合剧本价值表达的需要。例如,2022 级 B 同学所在的小组在塑造蒋孝琬这一历史人物时,就遇到了如何基于极为有限的史料分析其心理活动以及如何演绎才能在符合剧本价值表达需要的同时不与史实冲突这两个问题。

学生需要像历史解释水平 4 要求的那样:在独立探究历史问题时,能够在尽可能占有史料的基础上,尝试验证以往的说法或提出新的解释。例如,2022 级 B 同学反思后决定按照不与已搜索到的史料相冲突的设计去塑造蒋孝琬。

5. 家国情怀

立德树人是历史课程的根本任务,家国情怀则是立德树人在历史学科核心素养层面的重要抓手。然而,这一抓手在考试中难以测量到真实值。尽管教师在课堂中可以激情澎湃地演绎,但同样难以知晓学生心中的真实所想。

在历史剧校本课程中,学生的家国情怀在理论上更容易被观察到。历史剧强调价值选择,学生如果不能认同历史剧选择的价值,就很难在此基础上开展创作。因此,学生的价值选择更可能是其内心所想。

在具体实践中,学生的家国情怀显而易见。第一是在2023年"青史杯"高中生历史剧本大赛主题公布前,不少学生谈到倾向于选择家国情怀相关的价值作为自己历史剧的价值。第二是在2023年的主题"人类历史记忆的留存与书写"公布后,有些小组选择了长城、《祭侄文稿》和"一带一路"等与家国情怀相关的主题。

### (二) 培育创新素养

每经历一次失败,就意味着剧本经历了一次完善,更意味着学生获得了一次成长,增强了创新精神与创造能力。在完成历史剧的过程中可能经历的失败包括但不限于:找不到恰当的选题,找到恰当的选题但难以改编成历史剧,找到恰当的选题但难以获得小组成员和指导教师的认可,剧本大纲逻辑混乱,剧本大纲难以落实到具体的幕和场景中,写好的幕和场景与剧本整体价值不匹配,幕和场景难以按舞台剧的方式实现,等等。

1. 题材选择失败中的创新

题材选择是历史剧创新的核心,学生在选择历史剧题材之前,需要调动自己从小储备的历史知识与大赛主题一一匹配,需要灵感的乍现与核查确认,需要努力获得小组成员的认可,这样才能够形成历史剧剧本。

2022级学生面对的主题是"人类历史记忆的留存与书写"。除历史剧创作固有的劣构问题性质外,这一主题在已有条件下相对以往主题对学生的历史专业知识有更高的要求。我们本以为学生在这次的选题上会遇到很多困难,但结果发现学生的创意远超想象。学生除直接从"人类历史记忆"一词出发寻找史学家故事、考古故事或文物故事以外,还创造性地关注到了一些更为宏观抽象的概念,如丝绸之路、药方和某些传承较久的组织等。

学生的选题并非一蹴而就。在2022级学生中,只有1个小组在课上听完教师对主题的讲解分析后就基于自己的知识基础选择了较为合适的主题,其他小组均是在教师的指导下,用2周左右的时间,充分利用跑操、吃饭和洗漱等零散时间进行思考并记录灵感,之后在小组讨论及与教师协商下确定了选题。

此外,仍有个别小组存在选题困难的情况。主要原因是在面对劣构问题时,受到缺乏历史专业知识等因素的影响,只能零散地关注到一些人物或文物,如2022级D同学始终难以找到与大赛主题匹配,且与自己想表达的价值和选择的人物或文物匹配的选题。

2. 结构设置失败中的创新

结构设置很大程度上决定了历史剧剧本读者的感受,但学生往往在这一方面缺乏经验,出现自以为是的情况。

无论是2021级还是2022级的学生,其初稿的情况从各种意义上看都可以用"不拘一格"来形容。例如,2022级B同学充分发挥了自己的文学素养,剧本文笔非常优美,但忽视了舞台剧的客观限制,写了很多在舞台剧中难以实现的描述;2022级C同学因有写长篇小说的经验,剧本大纲的建构能力非常强,但由于大赛的字数限制为5 000字,C同学在写到具体场景时就会出现语言啰嗦或场景较多且切换较快的情况。

但这些错误并没有影响学生的积极性,反而成了学生创新改进的源泉。例如,2021级某小组通过寻找人物相似的特征搭建剧情;2022级B同学在修改后将自己的文学才能聚焦于台词,让台词具有一定文学性的同时朗朗上口;2022级C同学将过多的场景转变为选项,最终在小组讨论中选择了一个最适合的场景,并将其他场景通过巧妙设计融进该场景中。

## 四、结论与讨论

　　这场在失败中创新的征途远未结束,但已经形成了一些经验,可供其他想要开发历史剧校本课程的同仁参考。这些经验在一定程度上也适用于以完成某项任务为课程目标的校本课程。

　　一是在理念上要转变对失败的认识。在系统分析失败的基础上,提供失败的土壤,静候失败的出现,积极应对并安心等待学生在失败土壤上结出创新的果实。

　　二是在失败中创新要考虑学生的动力,因此,课程要明晰培养对象而非泛泛而谈。教师需要结合一次次学生报名和上课情况,挑选出适合课程的学生,否则学生连尝试的动力都没有,更别说在失败中创新了。

　　三是在失败中创新要考虑梯度,因此,课程要设计进阶支架。以完成某项任务为目标的校本课程往往需要不止一个学期的课时才能使学生完成任务。这就需要针对不同的学期间甚至学年间如何进阶进行设计,让学生有进步感,增强学生的动力。

　　四是在失败中创新要考虑难度,因此,要在进阶支架的基础上对部分专业性较强的课程内容编制课程大纲。但课程大纲不一定要在课程设计时就做到完美,可以在有初步设想的基础上,根据学生失败所展现出的学情逐步删减和协调比重。

　　五是要变革教学思路。以完成某项任务为课程目标的校本课程可以有意识地让学生"经历挣扎和失败",但又能基于课程大纲,在学生失败后及时地予以具体指导。

六是要变革课堂形式。讲授在课堂上的占比可以限制为不高于25%,工具性知识可以通过打印手册的方式下发给学生,方便学生及时查阅。要基于小组人数、小组总数和教师经历规划好学生数量,确保教师对每名学生都能给予具体指导。同时,邀请其他学科教师甚至校外专业教师进行跨学科合作,以充实课程资源。

(本文作者:董思成　上海市晋元高级中学历史教师　教龄1年
　　　　　朱冉　上海市晋元高级中学历史教师　教龄20年
　　　　　梁爽　上海市晋元高级中学历史教师　教龄2年)

# 7. 从"创伤"走向"创新"
## ——"缑城记忆"文化体验课程建构的转型方式探究

"只有民族的,才是世界的。"2017年以来,多份政策文件中指出：课程资源开发应具有年龄适宜性和文化适宜性,要渗透和增强中华优秀传统文化、地域文化和园所文化。《幼儿园教育指导纲要(试行)》指出,幼儿园要挖掘整理周边可利用的文化资源,形成园本课程资源,让幼儿感受文化之美、家乡之美,激发幼儿爱家、爱国之情。3—6岁是幼儿感受大自然、体验文化的重要时期,让地域文化走进幼儿园是对幼儿的关怀与尊重,是对《幼儿园教育指导纲要(试行)》和《3—6岁儿童学习与发展指南》等教改理念的贯彻落实,是实现教育国际化的着力点,也是培养"中国娃"的文化自信及创新能力的基础,更是一个时代的大课题。

宁海又名"缑城",是《徐霞客游记》的开篇地。它物产资源丰饶,有着众多"非遗"文化,如泥金彩漆、十里红妆、耍牙技艺等,民俗文化的生命力强盛;人杰地灵,名士辈出,有方孝孺、柔石、潘天寿等。在课改推动、城区大规模拆建的背景下,如何让缑城特有的文化成为孩子们亲切的伙伴？如何让地域的特有资源与孩子"亲密无间"，让缑城文化得以传承？基于此，"缑城记忆"文化体验课程研究应运而生。在课程建构中，面对一次次的失败，我们并不气馁，依旧坚持追寻缑城文化的足迹，不断调整课程实施的内容，不断细究课程与孩子之间的适宜性等，在挫败中找问题，在一次次的试错中找策略、找经验，直至获得成功。

## 一、三方体验"创伤感"，课程开发遭失败

希望总是美好的，我们期待着在课程实施中看到孩子、教师、家长的变化，期待他们对家乡文化产生积极的探索兴趣。但事与愿违，结果收到了很多负面反馈，教师感受到了挫败。

### （一）孩子"走入"不"走心"，体验不到存在感

及时捕捉幼儿感兴趣的事物，引发其主动探索的欲望，促进"经验"的交互，构建不同的展现平台和体验场所，让幼儿尽情舒展自己的独特之处——这些都是美好的愿望。而在实际活动中却并非如此，孩子们反而频频抱怨。

例如，一到每周的缑城体验游戏现场，就看到许多耷拉着的脸，且听到一声声抱怨："为什么每次都要磨豆浆、做香干，我又不喜欢吃。""我才不喜欢水墨画，我喜欢青少年宫学的水粉画，那个才好看。""哎，老师又让我搭前童古镇，还批评我搭得不像，我又不住前童。""我爸说过小孩不能喝望海茶的，为什么老师一定要我们买这个呢？""老师说石头村的房子好，但一点都不好看啊，我爸说了只有买不起房的人才会住那里。""每次我都不能当新娘，每次都让我抬轿，那我宁可吹喇叭去。"……

教师精心准备的区域游戏和体验活动被孩子们嫌弃,对此,教师是怎么想的?我们与不同层级的教师展开了对话调研,才发现原来教师也同样感觉十分受挫。

### (二)教师"吃力"不"讨好",体验不到成就感

"创生课程"不是一成不变的事物,而是一种可变的、动态的存在,这种动态感使得教师在课程中的责任感和主导感加深。教师对于课程内容感到十分迷茫与无助,"零点"起步的他们要投入更多的精力、心力与动力。

例如,经常听见老师们不断吐苦水:"我自己都不知道泥金彩漆,怎么教?只能让孩子看视频了。""我小时候都不怎么讲宁海话,现在怎么教孩子呢?""这些文化那么深奥,我自己都不懂,怎么教?""每次去调查,我都觉得点太多,不知道怎么筛选,太难了。""我们俩到桑洲老村子跑了多少趟才讨了这些老道具,可是孩子们不感兴趣,又不能教,到底要怎么办?""名人背后的文化真的很难梳理,我们好不容易梳理了潘天寿系列活动,结果孩子们的参与度并不高,真是出力不讨好。"……

当"抱怨"成为教师的主旋律时,成就感便不再现身,焦虑、忧郁等情绪使教师无心去探究、剖析、创新"课程",难以唤醒自己主体意识的兴奋点和热情度,无法基于现实问题的视角开展"问"与"学"的深度教学。

### (三)家长"出头"不"出力",体验不到价值感

家园通力合作,才能共同培养孩子全面发展。为了能更好地让孩子了解家乡文化,教师会布置一些亲子周末逛古镇、看美景、做美食的任务。但家长的一句"我的孩子交给幼儿园,教能力就是老师的事",如一盆凉水浇头,让教师"从头凉到脚"。

例如,几位家委会成员反映:"爱家乡的活动是好的,但是都让家长去完成任务,我们实在也没有那么多时间,学校能不能适当地组织与落实一下。""为了这个活动,我家孩子经常闹。我们夫妻平时工作比较忙,这些手工活又不会,能不能布置一些适合我们特长的任务,不要影响我们的亲子关系。""宁海逛来逛去就这些地方,让我带着逛还行,可是其他的,对家长来说真的太难了。"……

许多家长认为"幼儿园应该负责教"的想法并不利于良好家园关系的构建,同时也降低了教师推进教学活动创新与创生的动力,强化了幼儿"安全"成长就是"最好的发展"的理念。

## 二、三面追溯"失败因",课程建设深反思

失败带来的"创伤"使课程陷入瓶颈,但课程的愿景让我们"弃伤"而行,再次走近幼儿、走近现场,寻找失败的原因。

### (一)儿童缺少缑城文化的直观经验,呈"虚假游戏"现象

在体验缑城主题游戏时,孩子在教师的提醒下去建构区搭建桥、古镇,可对于"古镇啥样""有什么特别之处""为什么现在这些元素没有了""宁海有哪些桥""为什么这些桥都不一样""这些桥有什么秘密"等问题都没有进行思考与探索,仅仅是为了完成教师的任务。教师知道要去实地参观才能让幼儿获得直观体验,但要考虑的问题太多,如幼儿出行安全、家长是否有空等,且无后期方案推进,于是只能让孩子通过看图片、视频了解文化特色。如此,孩子的游戏又何来"真"、何来

"投入"而言?

**(二)教师与家长对缑城文化的认识不到位,呈共育的"单体化"现象**

例如,基于"正月十四夜"主题的"馏"系列活动是宁海饮食文化的代表之一,可72%的教师不知道不同的"馏"背后代表的不同含义,大部分家长也不知道为什么要在正月十四吃馏,不知道这些馏到底用什么材料做成,不知道甜馏和咸馏产生的背景,反而会给予一些错误的导向。因为不懂,家长拒绝参与共育,结果在活动中教师"说教"现象越来越明显,呈现出教师单方面教育的情况。"单体化"使我们的课程无法更好地与社会相衔接,无法充分探究每一种资源的整体状况。

**(三)缑城文化资源主题化不充分,呈"文化漂浮"现象**

教师对于名景、名筑、名俗等背后文化的内涵不了解,因此在课程审议中局限于以一些主题方式开展活动,对于周边文化资源的梳理及运用极少。例如,在"十里红妆"主题中,教师设计了许多艺术类的创作活动,从中班起就开始慢慢渗透,但是关于"十里红妆"的"十里""红"背后的文化内涵一般是以直白的"喜庆""婚嫁"等内容进行讲解,使文化一直飘在空中无法落地,而且对于"十里红妆"在现代社会中的巧妙应用等内容也很少涉及。

**(四)缑城文化班本化实施不合理,呈"活动粘贴"现象**

在实施课程时,教师在教学内容设置、活动设计组织方面存在着明显的"套路",更不用说对文化的差异性、活动的多样性的思考与落实了。很多时候教师在班级之间会"粘贴"使用,并没有为了班本化而自主选点,没有考虑孩子的现实需要及兴趣点。

基于此,我们尝试从儿童视角入手、从现场教研入手、从组织形式入手、从深度学习入手进行改变,强调对缑城文化精髓的吸收、精神的传承、发展形式的创新,努力构建属于孩子们的"缑城记忆",致力于培养乐交往、善合作、能表达、会表现、爱家乡、乐探索的"缑城娃"。

## 三、四维探索"创新点",课程实施有活力

### (一)创新"问题点",从重"教学研修"到重"头脑风暴"的嬗变

只有追随"儿童视角"的课程,才能真正促进幼儿的成长;只有进行"头脑风暴",才能真正激起智慧的碰撞。

1. 对主题价值的"风暴"

"缑城记忆"课程群中的"名艺"中的泥金彩漆是宁波传统工艺"三金"之一,是一种将泥金和彩漆相结合的漆器工艺,是宁海非遗文化"十里红妆"中的重要组成部分。对于此民间工艺主题,一般要进行到什么程度才需要进行低结构和高结构活动的经验梳理?

> 例如,在进行核心教研活动时,我们针对"泥金彩漆是否适合在幼儿园开展活动"进行了研讨。教师们通过资料汇总及经验分享,认为泥金彩漆能让儿童多感官参与,具有实在的物质对象,能为儿童所经验化……其后,在专题教研中,教师们提出以下问题:"怎样才能将'十里红妆'的文化渗透到环境和活动中?""高结构和低结构的活动如何安排才是最合理的?""泥金彩漆文化的背后到底蕴含了什么,我们以怎样的方式去呈现才会取得最佳的效果?"

各园区教师不但借助思维导图将问题解决思路可视化,而且还根据各园区幼儿原有经验的差异性设计了个性化调查表,让活动更贴近孩子。

2. 对幼儿适宜的"风暴"

为解决到底哪种活动方式更适合幼儿探索泥金彩漆的问题，教师将教研视角转向"研幼"，以幼儿自身情况作为选择活动形式的导向，进行活动展示研讨，并根据指标细致观察幼儿在活动中的不同表现且作出相应评价。

例如，在创意区"泥金彩漆乐"活动中，教师观察幼儿是否能够利用多种材料尝试不同的泥塑和漆染方法，是否能在解决问题的过程中获取新的泥塑和漆染经验，是否能与同伴积极交流自己的发现与成果，是否能理解相应的任务情境并投入其中，是否能在沉浸式操作中感受到工匠的坚持品质。

我们站在儿童的立场上，力图以儿童的视角重新审视"猴城记忆"课程的构建，发现资源后面隐藏着特有的猴城文化。只有让孩子初步感知了文化内涵，才能将家乡之情的星星之火持续燃烧。

3. 对活动形式的"风暴"

图1 幼儿现场体验

"在场"教研中，教师一致认为儿童成长需要不断地为其提供适度的挑战和问题，因此抛出新的思辨点：教师根据现场观察纷纷提出支持策略的构想，在充分把握幼儿参加活动原经验的基础上进行有效指导；提供多种材料便于幼儿多方面表现与探索；在观察评价的基础上梳理幼儿的最近发展区和问题点，适时进行针对性的经验提升或生成即时课程等。

例如，在董事长黄爷爷的带领下，孩子们走进了雕塑车间和彩金车间，亲眼看到一件件泥金彩漆作品从"绘图设计—精雕细刻—打磨调型—上漆着色"到成品的制作全过程。黄爷爷还耐心地向孩子们介绍工艺品制作的各个程序，孩子们现场体验做泥金、玩彩漆、打泥条、压泥花活动，用特制的泥学习简单的滚、搓、团、拉长等技艺，在动手制作中体验民间工艺的精妙，了解泥金彩漆在日常生活中的运用和中华传统文化背景，享受"文化"大餐，有效助推了后期主题的生发与开展。

在教学现场解决不了的问题，我们借助家长资源，让大班的孩子带着课程中遇到的问题到东方博物馆探究实证，使得课程活动内容也自成体系。

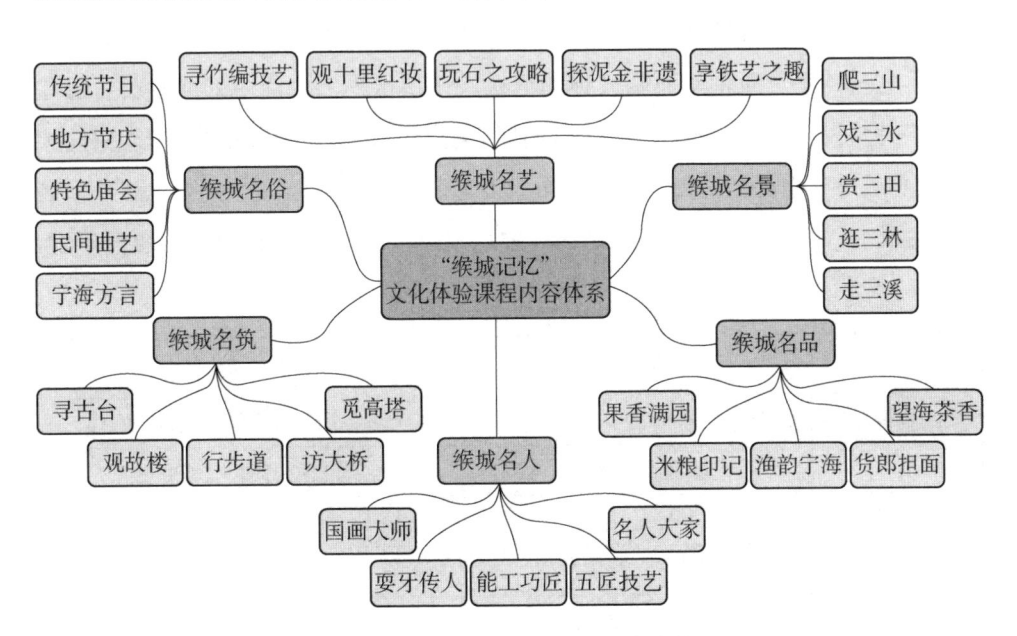

图2 "缑城记忆"文化体验课程内容体系

## （二）创新"合作点"，从单方面"主导"到协同化"共建"的嬗变

家长和社会资源是促使课程深度、灵动发展的关键点，也是家园共育的指向。我们尝试不断地换位思考、思维共建，从当初的单方面"指导"发展到现在的多方资源"共建"，促使"缑城文化"课程真正走近每一个孩子、家长。

对于家园的多元化，一方面，以打卡、挑战的方式鼓励家长带领孩子体验宁海的自然风光、历史文化，将其渗透在幼儿的日常生活中，及时讲解沟通本地的文化、节日、习俗等；另一方面，利用家长职业的特殊性来丰富课程资源，促使课程真正朝着"真需要""真体验""真生活"的目标前行。

以"名品"主题课程为例。宁海民俗传统美食品种繁多，地方特色浓厚，尤其是民俗节日里的面食更具有独特的风味，如春节的汤包，元宵的汤圆、米团，清明的青团、青麻糍等。根据访问调查，我们发现会做面食的仅限于部分"60后""70后"了，这些纯手工面食正面临失传的危机。让孩子爱上生活中的面食类食品是家委会持续提出的建议性意见之一，同时，面食操作对发展幼儿的塑形、空间架构、创意思维及手部小肌肉动作等方面能力有很大的价值，于是"家乡面食"小主题活动生成了。如何让孩子们在尝试体验中积极投入面食的制作，创新美食的造型，

表1　宁海地区节日特色面食一览表

| 地区 | 民俗节日 | 手工面食 |
| --- | --- | --- |
| 长街 | 元宵节 | 米团、汤包、汤圆 |
| 胡陈 | 清明节、四月八 | 青麻糍、青团、乌饭麻糍 |
| 桑州 | 七月七、冬至 | 垂面、炒汤圆 |
| 岔路 | 三月三、六月六 | 麦饼、麦饺筒 |
| 前童 | 八月初三、重阳节 | 霞客饼、洋糕 |
| …… | …… | …… |

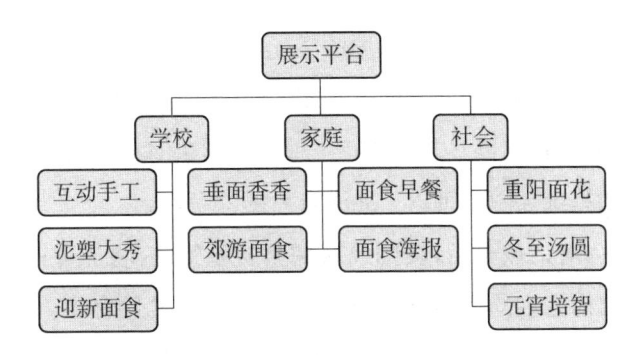

```
                    展示平台
          ┌───────────┼───────────┐
         学校         家庭         社会
       ┌──┤         ┌──┤        ┌──┤
   互动手工      面食早餐     重阳面花
   泥塑大秀  垂面香香  面食海报  冬至汤圆
   迎新面食  郊游面食            元宵培智
```

图3 "家乡面食"主题活动

感悟美食背后的节日文化内涵呢？我们借助家长资源，寻找到了面食的经典实践体验店，同时也利用家长助教的方式带孩子在不同的节日，感受面食的文化内涵，开展了"花样早点""面食大变身"等家园活动，形象直观地助推了本主题的深入。此外，我们还将对面食的探索渗透进每次的春游、秋游活动中，把自购零食变成家长和孩子合作制作的家乡小吃，秋游上的"面点宴"不但加深了幼儿对特色面点的探究兴趣，更影响到了周边人员，带动更多人加入到家乡特色面点的了解与创新中。在多元方式的助推下，小小的面食逐渐发展成了园区课题。

### （三）创新"着力点"，从挖"缑城文化"到融"缑城生活"的嬗变

在"儿童视角"下，我们再次走进宁海缑城：南门片区有全国重点文物保护单位宁海古戏台所在的宁海城隍庙、水角凌月饼文化；西门有省级文保单位"柔石故居"。如何保存老城记忆？有什么好的方式能让孩子感受到抽象的文化内涵？如何通过特有的符号表征去表现与传承老城记忆中的文化？如何让孩子们产生情感上的认同与共鸣？

以"名人"系列主题为例。之前的课程中很少会涉及"名人"，一般都在故事中呈现。经过这次沉浸家乡文化的教研后，我们发现宁海名人的代表性非常强。方

孝孺是读书文化的代表,潘天寿是水墨画文化的代表……调查数据显示,徐霞客、潘天寿、方孝孺是孩子们最感兴趣的。那么,真正纳入课程内容的到底是这个人还是其背后的一种文化支撑?怎样在孩子原有经验的基础上提供有系统的知识?于是,老师们利用思维导图梳理出了名人背后的学习点。

在倾听、观察、对话孩子后,教师及时调整实施策略,将原先高结构的活动转换成以体验、低结构为主的活动,让幼儿走近名人有关的物和事,感受名人的精神文化在生活中的渗透。后期又连接到学说宁海话、玩起方言节等活动,同时利用自创绘本等方式开展关于家乡文化和传统文化的各类活动,真正多方位、立体式地引导孩子感悟"正学"精神,争当"天下读书种子"的内涵精髓。

表2 活动实施计划

| 时间板块 | 主题板块 | 活动板块 | 活动地域 |
| --- | --- | --- | --- |
| 9—11月份 | 缑城文化溯源 | 我是探秘家 | 缑城老城<br>泥金彩漆馆<br>红妆博物馆 |
| | | 我是小游侠 | |
| | | 我是考古家 | |
| 12月至次年6月 | 缑城文化化验 | 我是美食家 | 匠人功能室<br>缑城体验坊<br>班级创艺区 |
| | | 我是小货郎 | |
| | | 我是小画家 | |
| | 缑城艺术体验 | 我是小匠人 | 户外游戏巷 |
| | | 我是设计师 | |
| 全学年开放 | 缑城文化传承 | 我是小记者 | 园本文化节<br>社区艺术展<br>亲自创意秀 |
| | | 我是小演员 | |
| | | 我是小主播 | |
| 课程操作要点 | 1. 根据班级选课情况安排幼儿参与缑城体验主题的顺序 | | |
| | 2. 每次参与缑城体验活动的人数控制在20—25人左右 | | |

## (四) 创新"操作点",从预设"主题式"到创生"项目式"的嬗变

松散的地域课程缺少系统性和深度探究性,而项目式是一种动态的学习方法,可让幼儿主动探索问题和积极应对挑战,习得较深入的知识。在解决问题的过程中发展能力,以"提问—记录—计划—调整—合作"螺旋式上升的模式开展,还原孩子学习的过程,助推孩子深度探究,呈现学习、实践、建构的历程。因此,每个主题的开展都遵循了"经验、经历、经彩"的探究过程(图4)。

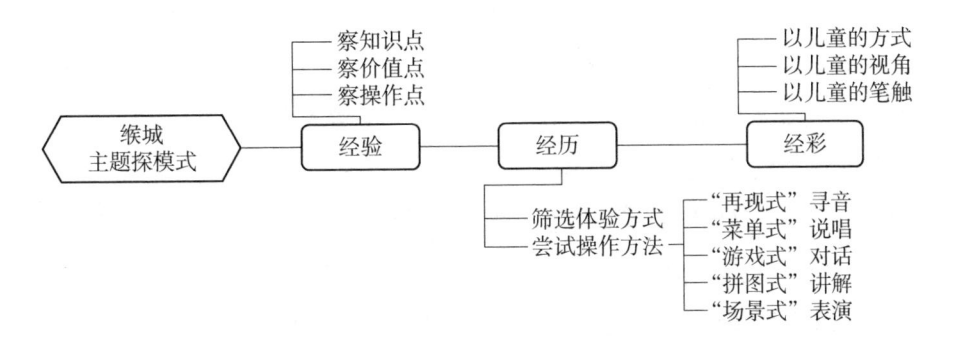

```
                    ┌── 察知识点                              ┌── 以儿童的方式
                    ├── 察价值点                              ├── 以儿童的视角
                    ├── 察操作点                              ├── 以儿童的笔触
  缑城                │                                        │
  主题探模式 ─── 经验 ─────── 经历 ─────── 经彩
                                │                              │
                                ├── 筛选体验方式              ├── "再现式"寻音
                                └── 尝试操作方法              ├── "菜单式"说唱
                                                               ├── "游戏式"对话
                                                               ├── "拼图式"讲解
                                                               └── "场景式"表演
```

**图4　缑城主题探模式**

以宁海独具特色的方言为例,呈现主题探模式。经过调查和询问之后,孩子们知道了什么是宁海方言以及细致分片。对此,孩子们很兴奋、很骄傲,但也很迷惑地提出问题:"宁海每个地方的方言都不一样,那我们说哪家方言呢? 说些什么? 又该怎么学?"在畅所欲言、激烈讨论后,孩子们最终决定:保留各自乡镇的方言,进行同句普通话各乡镇方言对比探究,加深对方言的认知。而且还从各自的喜好入手,协商从日常用语、美味食品、游戏游玩三方面开始实践学习方言。此外,孩子们积极向身边的"老辈人"求助,并与爸妈同"探知",通过学说、记录及对话,更好地打开了学习"宁海方言"的大门,习得了"宁海方言"的历史以及相应的

解决途径。同时,通过"儿童海报"的绘画形式,孩子们把最为感兴趣、热点高的内容进行罗列梳理,建立"方言语言库",可随时取用,组合成句成段。

教师在此过程中坚持"儿童本位",将"关键经验"获得转换为"顺应"和"追随"孩子自己需要的活动,并把问题转化为促进幼儿发展的游戏资源。构建"方言语言库",探究方言背后的文化,促使幼儿萌发爱家乡的情感。

在课改的引领下,在"儿童视角"的推动下,遵循哲学思维"在场"观点,一路走来,我们不断在实践中经历挫败,在"创伤"中寻找原因,在不断试错中解决问题。从"创伤"走向"创新",经历了变革性的嬗变,从而一步步地架构起了缑城记忆"童乐五玩"的体验路径,构建了"访、课、区、室、节"的课程方式。通过实地察访缑城文化,创设缑城文化课堂,创生缑城文化游戏,呈现缑城文化表演,丰富缑城节庆体验,使缑城文化"浸润"一日生活。

我们以"融合、转化、传承"为基本理念,以缑城名景、名品、名人、名筑、名俗、名艺6个最具特色的板块作为切入点,构建了人、自然、社会相融合的,适合3—6岁学前儿童的"缑城记忆"文化体验课程。该课程将家乡的文化从"生活情景""生活事件""生活技能"等方面具身性地呈现出来,深挖本土文化的精髓要义,让家乡文化变得"可感""可知""可行""可话",使孩子们用自己的方式亲身感知体验,获得缑城印记,真正让文化入眼、入脑、入心、入情、入行,进而从不知家乡的"最熟悉的陌生人"转变为缑城文化的热爱者、传播者。

## 参考文献

[1] 丁林霞."研教"转向"研幼"的三个着力点[J].福建基础教育研究,2019(3):140-142.

[2] 高宏钰,霍力岩,谷虹.幼儿园教育传承传统文化的内容与方式——基于政策文本的研究[J].基础教育课程,2019(19):33-40.

[3] 李培蓉.本土文化视域下幼儿园园本课程建设研究[D].兰州:西华师范大学,2018.

[4] 施月平.园本课程建设中本土资源的开发与利用[J].教育观察,2020(20):123-125.

(本文作者:严佳妮 浙江省宁波市宁海县实验(闻裕顺)幼儿园教师 教龄26年)

# 第三章

# 学科实践：课堂创新的无限可能

创造性课堂就像一个非结构化的、非正式的社会团体。它与传统学校非常不同。在传统学校里,教师的角色是明确定义的;学生的角色也是明确定义的;两者之间的地位关系也是明确的。在传统学校里,一切通常都有书面的明确规定,每个人都知道他们应该做什么。传统学校是一个僵化的组织结构,不会培养出有创造力的学生。在这种结构化的学校中,课堂上的过程和互动模式通常是高度脚本化的,有一套有限的互动序列,并反复出现。这些重复的序列就是"脚本",它们虽然没有被记录下来,但每个人都知道它们是什么。相反,在创造性的课堂上,教师的角色是不断变化的。教师并不总是掌权的专制角色,所有学生共同控制课堂的流程——当然,还需要在教师的引导下进行。

(基恩·索耶:《创造性课堂——为了21世纪学习者的创新教学》.柴少明,译.上海:华东师范大学出版社,2022:中译本序.)

## 8. 棠棣同馨　突破与创新并茂

——由"失败"引发的作文自改教学新路径的设计与实践

### 一、缘起:"瓶颈期"遇到"一束光"

作为一名教龄 5 年的语文教师,我发现自己的教学似乎走进了第一个"瓶颈期",走出课堂时总感觉有很多遗憾,可是已于事无补。每一次走出课堂,我都会产生新的遗憾或者是重复上一次课的遗憾。对于这些遗憾,我似乎有些懂,但真正梳理起来,却又说不出个所以然来。每天的教学就这样无休止地循环往复着,我似乎在一个"泥潭"中吃力地徘徊着,想拼尽全力走出这个泥潭,却没有方向,找不到出口……

就在这时,我遇见了"一束光"——《义务教育语文课程标准(2022 年版)》,它让我这个处在语文教学"瓶颈期"的青年教师找到了前进的方向。于是我拼命想抓住这块"水中浮木",立誓要让自己的课堂彻底改变。新课标中有这样两段话:义务教育语文课程标准培养的核心素养,是学生在积极的语文实践活动中积累、建构并在真实的语言运用情境中表现出来的,是文化自信和语言运用、思维能力、审美创造的综合体现;在语文课程中,学生的文化自信、思维能力和审美创造都以语言运用为基础,并在学生个体语言经验发展的过程中得以实现。我反复咀嚼这两段话,并试图落实到我的语文课堂教学中。可是,将"理念"转变为"行为",是不是需要遇到引发改变的"关键事件"?

## 二、事件1:"失败"的周记交流很"有效"

每周一的语文课,照例是学生交流周记的时间。一次,轮到班级同学公认的"潜能生"——恬恬进行周记交流,我用了九牛二虎之力才让恬恬有勇气走到讲台上。她刚结结巴巴交流完,同学们就哈哈大笑起来:

"这也能算文章?"

"倒不如说是流水账吧!"

……

恬恬听到了几个同学的嘲笑声,逃跑似地回到了座位,趴在桌上轻轻抽泣起来……我暗自思忖:这文章的确非常糟糕,但不能让目前的情形持续发酵下去。我快速转动自己的大脑,努力搜寻恬恬文章中值得让我为她"反击"同学们嘲笑的"证据"……

有了!

我清了清嗓子,知道自己这几句话对于全班同学的分量和意义:"恬恬的周记虽然还有许多需要努力的地方,但是有一句话让老师印象深刻,甚至可以说是写得很棒!"

我故意拉长了语调,并对着恬恬竖起了大拇指。这时,全班同学都瞪大了眼睛看着我,恬恬也慢慢抬起了头,眼神里充满了期待!我一字一顿地把恬恬文章中唯一通顺且发自肺腑的这句话读了出来:"……听到爸爸要出差回来的消息,我的心像上下乱蹦跶的蚂蚱一样……"这时,教室里出奇的安静,大家仿佛陷入了沉思……

课后,令我意想不到的是,平时写作文总是不能按时上交的恬恬竟然主动找到了我,让我指导她怎么把这篇周记修改修改。我心中一喜:好不容易激发出了恬恬积极向上的动力,可得好好抓住这次机会!我拉了一把椅子让恬恬在我身边坐下,边说边一字一句地帮她修改起来,直到我自己读起来满意了,才让恬恬离开办公室……

事后,心情不错的我随手翻看着"闲书",一大片开得热烈的棠棣花插图映入我的眼帘,我欣赏着,思忖着,突然茅塞顿开,挥挥洒洒地在随笔本上写下这样一行字:"有效失败"——我心中的棠棣花。对于这件"周记交流"事件的处理,我不正是运用到了心理学家马努·卡普尔提出的"有效失败"理论吗?恬恬的交流无疑是失败的,但我找到了失败中的有效资源——一句写得通顺且富有真情实感的句子,让学习在恬恬身上发生了——主动要求我帮她修改文章。看似失败的周记交流经历,却激发了恬恬学习的热情,说明对恬恬来说,这显然是"有效"的。这样想着,我暗自得意,满心希望心中的这朵"棠棣花"能够开得绚丽,对提升恬恬的写作水平信心满满……

### 三、事件2:"成功"的作文批改很"失败"

以后的日子里,每次看到恬恬来找我修改作文,我就像打了鸡血似地拼尽全力帮她修改,天真的我以为我的"满腔热血"可以帮助恬恬提升她的作文水平……

可是,不知怎么地,恬恬主动找我的次数渐渐变少,有几次还变成我主动找她面批周记。但我还是坚持帮她批改,且改得乐此不疲!

这样经过了大概一个月的时间,在一次单元分项评价上,恬恬试卷上的写作部分让我大跌眼镜——文章依旧很糟糕,句子不通顺,一笔流水账,难不成我这一个月的时间是"瞎子点灯——白费蜡"啊!不对呀,我是细致耐心地帮恬恬修改每一篇文章,恬恬也是坐在我旁边认真听讲的啊!究竟是什么原因呢?我百思不得其解!

在一次家庭教育指导培训中,我偶然接触到了心理学上的一个术语——"延迟满足"。根据延迟满足理论,我对语文课堂教学有了新的认识,那就是延迟满足能让孩子充分地表达自我:具备延迟满足能力的孩子,会习惯在表达之前进行深度的思考,而思考的全面性将会让孩子在表达的时候不会急躁或是仓促,甚至会点燃创造的火花。延迟满足还能够让孩子更加全面深入地了解自己、认识自己,从而有助于孩子自我意识的建立与加强,会让孩子变得更加积极主动,乐观向上。

"延迟满足",不就是我心中又一朵"棠棣花"吗?把"延迟满足"这一概念借用到语文课堂教学上,恬恬作文水平停滞不前的谜团就不难解开了。当恬恬萌发学习愿望的时候,作为老师的我因"兴奋过度","掏心掏肺"地逐字逐句帮她修改作文,一开始就给她提供全部的教学支架,而这支架恰恰剥夺了她去尝试、去实践的机会。没有机会去实践,谈何语言经验?更谈不上在语言实践的过程中发展语言运用能力了。

因此,教师开始时不必提供结构化教学支架,而是"适度"进行教学干预。当学习者陷入困境遭受失败时,继续延迟支持,让学习者在困境中探索,通过挖掘当下挫折或者试错中的价值而逐步实现预期目标,在这实现目标的过程中让深度学习自然发生。这样,学生对获得的知识往往印象深刻,理解也较为全面且深入,并能有效激发自身的主体性活动。

基于此,我对自己的语文课堂教学也进行了深度反思:如果把"有效失败"和

"延迟满足"当作两朵棠棣花的话,它们一定是彼此相依,先开后合,一同绽放的。那么,棠棣花一大片一大片灿烂绚丽的花景就不难解释了。恬恬周记交流这一关键事件似乎让我找到了一条能突破"瓶颈",将理念落实到行动,改进课堂教学的新路径。我的语文课堂教学一定会发生改变!

### 四、行动:"棠棣同馨"——改变正在发生

手持"有效失败"和"延迟满足"两朵"棠棣花",围绕新课标提出的语文核心素养培养的理念,我在语文课堂教学实践中尝试转变教与学的方式。首先在语文教学中最难啃的骨头——作文教学中进行尝试,创设"有效失败"的教学情景,延迟提供教学支架——"棠棣同馨",改变传统作文教学的流程,达到培养学生语文核心素养的目标!这样,教师在教学上的突破和学生在学习上的创新就不难实现了!

卡普尔将问题分为明确且容易解决的"良构问题"和复杂且容易出错的"劣构问题",结果发现解决"劣构问题"的小组在近迁移和远迁移上的表现均优于另一组。后来,他进一步发现在"先尝试后指导"的顺序下解决"劣构问题"的小组又明显优于其他对照组,而在教师全程指导下解决"良构问题"和"劣构问题"的两组则没有显著的差异。这说明,在复杂的问题中亲身经历的失败和反思是打开创新素养大门的金钥匙。

那么,在语文作文教学中,我们如何发挥学生的主体优势,引导学生主动尝试?并且当学生遭遇失败时,教师要怎样指导才有利于把失败转化为"有效失败"?怎样的教学才能有准备地将失败有效化,实现提升学生语文核心素养的目标呢?下面的"起承转合"四条作文自改的教学策略,无疑为提升学生的语文核心素养提供了一条可以尝试的教学新路径。

**（一）起——未成曲调先有“探”**

静谧的夜晚，照例又是我批改学生作文的时间，手握“两把钥匙”的我不由得思忖起来：每次学生作文完成以后的批改，像一座大山一样压得我喘不过气来，我的辛苦其实并不重要，重要的是我这样的批改，对学生来说真的是最有效的教学方法吗？对培养学生的作文能力起到什么作用呢？我能不能也尝试用卡普尔的“先尝试后指导”的顺序解决“劣构问题”呢？

想着想着，我停下了手中的笔，把班级学生的作文本整体浏览了一下，把学生的共性问题记录下来，然后写起了明天作文讲评课的教案……

这次的作文讲评课我一改以往的泛泛而谈，出示了两篇存在共性问题的文章，让学生们“评头论足”。

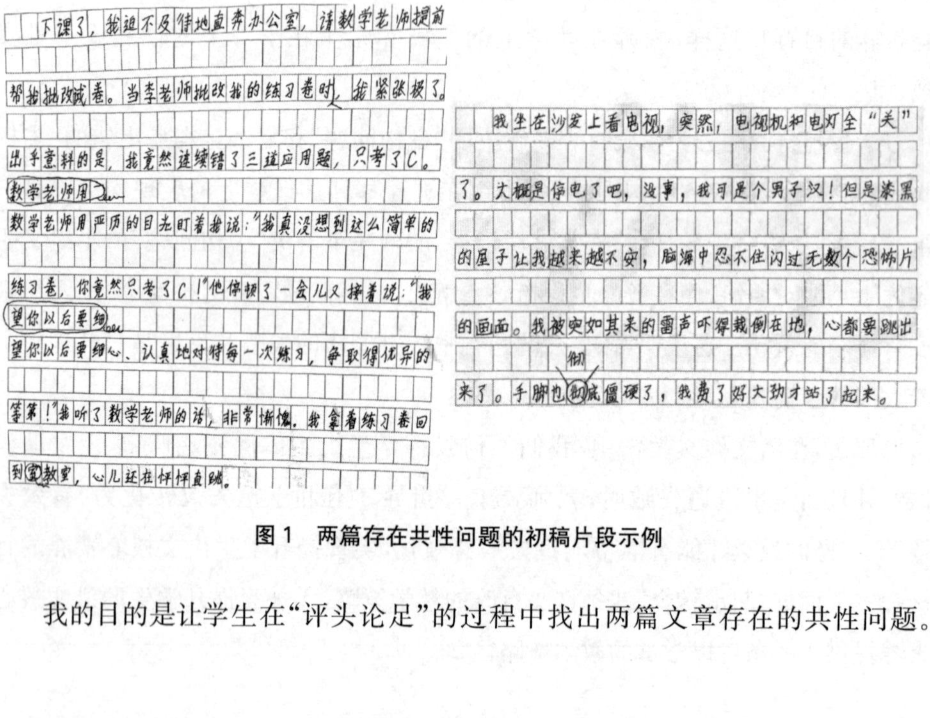
下课了，我迫不及待地直奔办公室，请数学老师提前
帮我批改试卷。当李老师批改我的练习卷时，我紧张极了。
出乎意料的是，我竟然连续错了三道应用题，只考了C。
数学老师用
数学老师用严厉的目光盯着我说：“我真没想到这么简单的
练习卷，你竟然只考了C！”他停顿了一会儿又接着说：“我
望你以后要细
望你以后要细心、认真地对待每一次练习，争取得优异的
等第！”我听了数学老师的话，非常惭愧。我拿着练习卷回
到室教室，心儿还在怦怦直跳。

我坐在沙发上看电视，突然，电视机和电灯全“关”
了。大概是停电了吧，没事，我可是个男子汉！但是漆黑
的屋子让我越来越不安，脑海中忍不住闪过无数个恐怖片
的画面。我被突如其来的雷声吓得栽倒在地，心都要跳出
彻
来了。手脚也彻底僵硬了，我费了好大劲才站了起来。

**图1　两篇存在共性问题的初稿片段示例**

我的目的是让学生在“评头论足”的过程中找出两篇文章存在的共性问题。

学生们第一次有了自主讨论的时间,因此热情异常高涨,七嘴八舌地提出了很多问题。

在给了学生充分时间进行讨论之后,我最后为学生的探讨提供了必要的方向性引领——把学生发现的问题聚焦,找出了两篇文章存在的主要共性问题:事情描写不具体。

作文讲评课的第一个教学目标达成——找问题(作文修改的主题)。接下来的第二个教学目标就是寻找解决问题的方案——解决问题(修改作文)。学生们又在课堂上"唇枪舌剑"——寻找修改作文的方法。这次的探讨我并未给出结论,目的是引导学生在自主探讨的过程中发生真正的学习,有效激发他们的主体性活动。

讲评课的最后,我让学生根据课堂上找出的修改主题,选择自己喜欢的方法,结合自己的文章,自主修改。

这次的作文讲评课,我一改教师一讲到底的教学策略,让学生聚焦共性问题,引导学生根据原稿,唤起对教师指导的记忆,重新审视自己的作文,与写作时的情绪和思路进行对照、比较,形成自我修改判断的思维过程。真是未成曲调先有"探"!

### (二) 承——何愁无处下金"钩"

第二天早晨,我把学生自己修改的作文本收上来。将近一半以上的学生,修改的质量都不尽如人意,这也是我预料中的事情。那么,作为教师的我,这时候"挺身而出"是不是最佳时机呢?我马上否定了自己的想法,"有效失败"这把钥匙,不妨拿来试一试!

我并没有像传统课堂那样选择优秀的文章作为范例让学生依样画瓢,而是挑选了一位修改得并不成功的学生的文章。

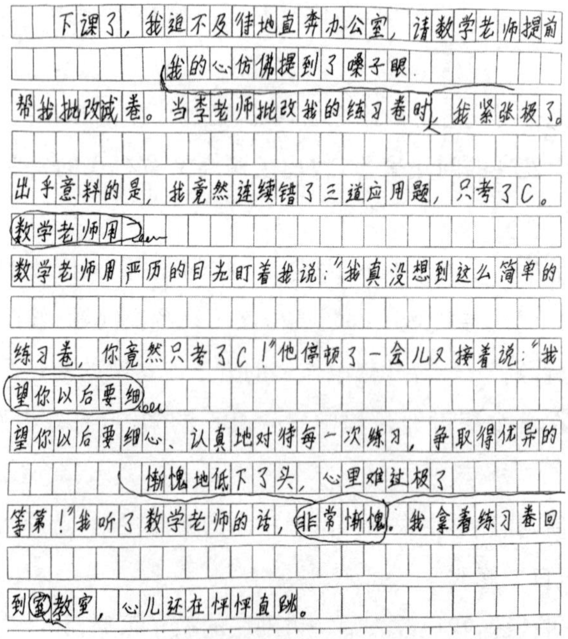

> 下课了，我迫不及待地直奔办公室，请数学老师提前
> ~~我的心仿佛提到了嗓子眼~~
> 帮我批改试卷。当李老师批改我的练习卷时，~~我紧张极了。~~
> 出乎意料的是，我竟然连续错了三道应用题，只考了C。
> ~~数学老师用~~
> 数学老师用严厉的目光盯着我说："我真没想到这么简单的
> 练习卷，你竟然只考了C！"他停顿了一会儿又接着说："我
> ~~望你以后要细~~
> 望你以后要细心、认真地对待每一次练习，争取得优异的
> ~~惭愧地低下了头，心里难过极了~~
> 等等！"我听了数学老师的话，非常惭愧。我拿着练习卷回
> 到~~室~~教室，心儿还在怦怦直跳。

**图2 "第一次自改"片段示例**

学生们一看到这个例子就发现了，文中小作者对紧张、难过、害怕等情绪并没有具体描写，依旧只是泛泛而谈……

于是，全班同学在讨论、补充甚至争论中，探寻修改作文的具体方法。有的学生对自己的修改方法据理力争，还给出了教材中的描写片段作为依据，着实动了一番脑筋。

"老师，我们之前学过的《牛和鹅》中的这句话'我们马上都不说话了，贴着墙壁，悄悄地走过去。我的心里很害怕，怕它们看见了会追过来'，通过对动作进行细致的描写，也能把这种紧张害怕写具体！"

"对！对！还有《陀螺》中的这句话'因此，曾有很长一段时间我的世界堆满乌

云,快乐像过冬的燕子一般,飞到一个谁也看不到的地方去了',用上恰当的修辞方法,把'我'的不开心写得很具体。"

……

学生就这样在和同伴的探讨中,在教师的引导下,挑选出修改作文的最优方案——抓住"看、想、说、做",把事情描写具体。

这次的作文讲评课上我故意设置了"有效失败"的情景,让学生有机会讨论作文修改的方法,并通过探讨、补充、争论,亲身经历作文修改的方法,同时改进、优化,促进思维的成长。

### (三) 转——柳暗花明又一"改"

学生经历自主探究、"有效失败"后,完成了认知冲突、知识建构的过程,接下来要完成作文自改的终极目标——个性化自改。

可新的问题又出现了:如何激发学生又一"改"的内驱力?那些写作有困难的学生会不会放弃第二次的修改?教师是否帮助这些学生修改,或者给他们提供全部的学习支架?经过思考,我的答案是否定的!当自改作文有困难的学生遭遇失败、陷入困境时,教师应继续延迟支持,让他们在困境中摸索,通过挖掘当下挫折或者试错中的价值而逐步实现预期目标,同时在实现目标的过程中让深度学习自然发生。卡普尔认为,为学生提供的学习支架不仅包括学习层面,还包括精神层面。

班级中作文优秀的学生,不是现成的精神榜样吗?何不让他们自主合作组成自改小组,在互帮互学中逐步实现"预期目标"。而对于困难学生的预期目标,可以适当降低,或者分步达成,这样有利于保护他们的积极性,让深度学习——个性化自改也能在这部分学生中自然发生!

对于教师来说,要特别关注这部分学生,他们虽然在自改小组里得到了同伴的支持和帮助，但必要时还需教师进行面对面个性化的指导，以保持这部分孩子第二次自改的内驱力。

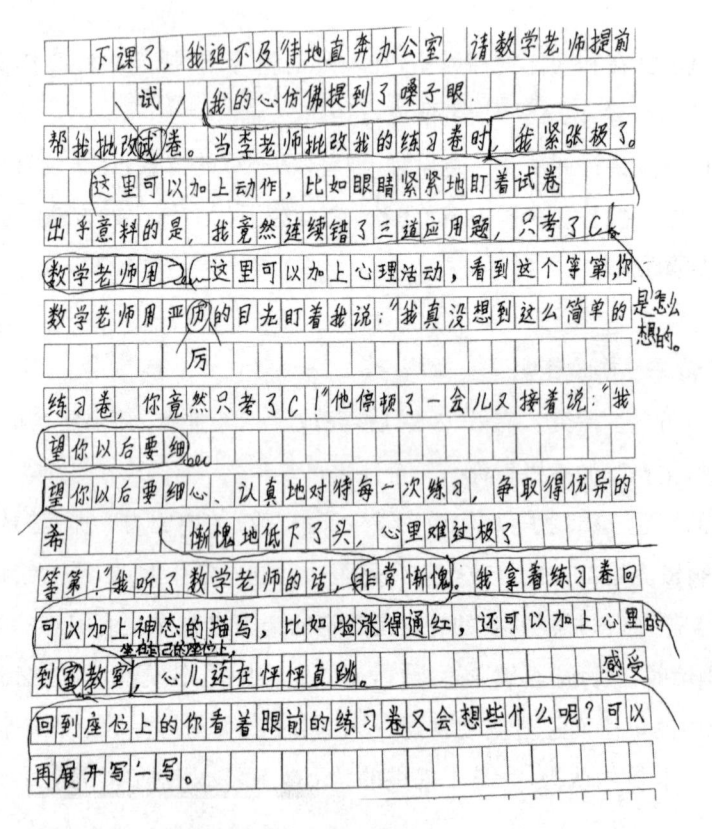

> 下课了，我迫不及待地直奔办公室，请数学老师提前试[我的心仿佛提到了嗓子眼]帮我批改试卷。当李老师批改我的练习卷时，我紧张极了。[这里可以加上动作，比如眼睛紧紧地盯着试卷]出乎意料的是，我竟然连续错了三道应用题，只考了C。数学老师用[这里可以加上心理活动，看到这个等第，你是怎么想的]数学老师用严厉的目光盯着我说："我真没想到这么简单的练习卷，你竟然只考了C！"他停顿了一会儿又接着说："我希望你以后要细心、认真地对待每一次练习，争取得优异等第！"我听了数学老师的话，非常惭愧。我拿着练习卷回[惭愧地低下了头，心里难过极了]到座位[可以加上神态的描写，比如脸涨得通红，还可以加上心里的感受]到教室，心儿还在怦怦直跳。回到座位上的你看着眼前的练习卷又会想些什么呢？可以再展开写一写。

图3 "自改小组"成员建议示例

**（四）合——无边光景一时"新"**

学生第二次修改的作文较上一次有了质的飞跃。这时候教师提供结构化的学习支架——作文自改的评价标准。然后依照本次作文自改的主题，自改小组内

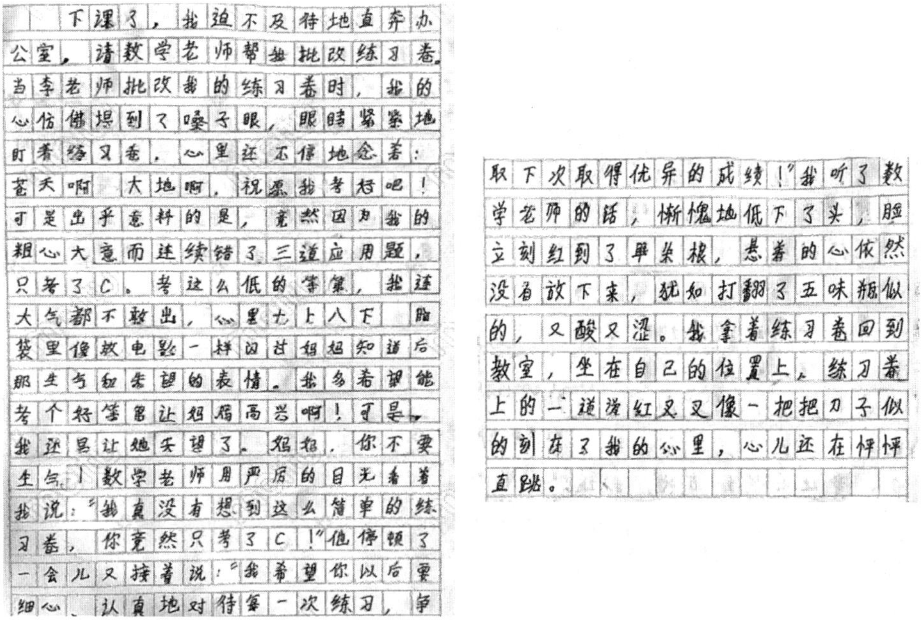

图 4 "第二次自改"片段示例

先进行互评。最后教师根据评价标准,结合自改小组互评的等第进行最终的评价。

  标题中的"合"有两层含义:一是"有效失败"和"延迟满足"这两朵棠棣花在教学策略上的相互依存,有机整合;二是学生自改的主题要和评价标准高度吻合。这里的"新"指的是学生在作文自改这一过程中创新的思维活动以及坚持二次自改的创新精神。同时,也是教师在教学的过程中破旧立新,尝试作文自改教学新路径的设计与实践。教师对于教学过程的新思考、新设计与学生学习过程中的新探索、新实践合二为一,棠棣同馨,促进教学相长,实现彼此共同的突破与创新。从图 5 所示"作文自改"教学设计流程图和图 6 学生"第二次自改"后的作文片段中可见一斑。

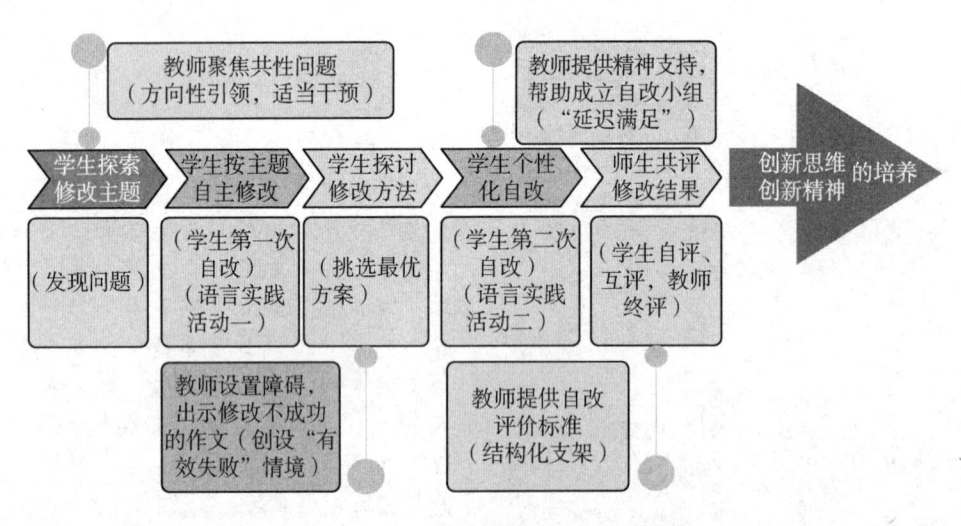

图 5  "作文自改"教学设计流程图

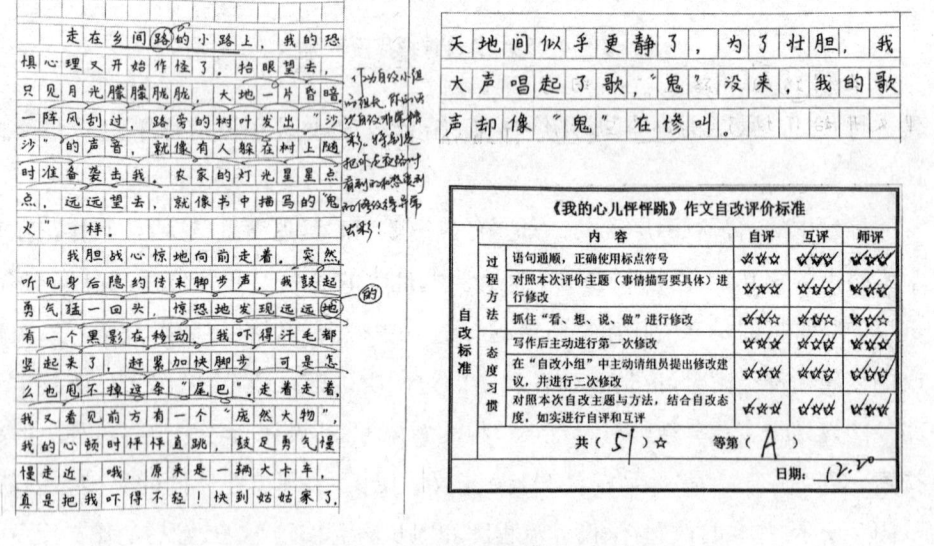

图 6  学生"第二次自改"作文片段和评价示例

## 五、反思：蜕故孳新，奏响作文自改"三步"曲

### （一）干预适度，拓展语言实践的时空

纵观当下作文课堂教学，由于课时限制等诸多因素，部分教师采用"短平快"的方式给学生提供结构化的指导和详细的批改，让学生在最短的时间内完成习作，并根据教师改好的作文判断学生已经掌握了这一学段的写作本领，甚至将教师的"改"看作学生的"习"。这种看似"成功"的教学，其实是非常低效的，甚至是无效的。由于教师的代劳以及培养学生作文自改能力意识的薄弱，学生并没有通过一次次的写作，不断提高写作能力，反而将语言实践、自主修改转化为被动等待教师的评改。

实践证明，教师适度地进行教学干预，让学生拥有适度的探索空间，才可能有效激发学生的主体性活动，促进深度学习、记忆保持和知识迁移。因此，作文教学中要充分体现学生的主体地位，让学生写自己想写的事，说自己想说的话，不禁锢学生的思维，让他们大胆地想，大胆地写，充分给予其写作自主权。基于此，我一改以往由教师一杆子批改到底的作文修改方式，突出学生的"自改"在写作中发挥的重要作用。

自改之前，教师出示存在共性问题的学生习作，给学生搭建各抒己见的平台。学生表异见、谈独见、抒创见，充分探索，在这语言思维的过程中发现问题。教师则进行适度干预，聚焦共性问题。这时全班学生都积极投入到语言思维活动中，进而提炼出本次修改主题，最后让学生根据修改主题自改作文。在这个过程中，教师的作用是引领方向，适度干预，充分拓展学生语言实践的时空，促进深度学习的发生。至此，学生作文自改第一步完成。

### (二) 设置障碍,创设"有效失败"的情境

"有效失败"强调让学生有机会交流自己提炼的作文修改方法,有机会比较不同的解决方案,有较多探索的时间去完成作文自改。也就是说,在学生自主经历一次作文自改后,教师不急于提供修改方法,而是给学生设置障碍,创设"有效失败"的教学情境——出示修改并不成功的文章,让学生亲历探索、试错,在这语言思维的过程中不断改进、优化修改方法,挑选出最优方案。

这一方法是学生从"有效失败"的情境中亲历的,是在探索过程中习得的,而非教师提供的。自主提炼作文修改方法属于高阶思维训练,学生经历"有效失败",开展深度学习,而经历深度学习后习得的知识往往掌握得比较牢固。教师在学生提炼修改方法的过程中不是放任不管,而是适当提供指导,这个指导是导在关键处、疑难处,导在无形与有形之间。

总之,通过让学生亲历"有效失败",让每个学生都经历探索、试错、改进、优化,促进语言思维的成长。学生在经历"有效失败"的情境中向第二步迈进!

### (三) 延迟满足,提供精神层面的支架

学生是学习的主人,只有充分调动和发挥学生在学习过程中的积极性、主动性和独立性,才能实现知识、能力的转换。完成了作文修改的前两步后,教师组织学生成立自改小组,继续延迟学习层面的支持,同时为激发他们第二次自改的内驱力提供精神方面的支持。因为这时候对于修改作文困难的学生来说,同伴的鼓励和支持会给予他们强大的动力。教师首先要做的不是提供全部支架,帮助学生完成第二次修改,而是继续在学习层面"延迟满足",在精神层面激发他们第二次修改的动力,因为对于这部分学生来说,发挥主观能动性是当务之急。

在自改小组里,学生各自拿出自改后的作文进行交流、赏析。每个学生既是作者,又是听者。这里的生生互动,既是行为互动,又是思维互动;既有知识的交

流,又有情感的共鸣和合作;既有对写作成功者的赞许,更有对还需努力者的帮助和激励……学生们在合作中取长补短,共同进步。小组的交流,常常会激发灵感的顿悟,促进自改能力的进一步形成和发展。

在自改小组合作交流的基础上,教师趁热打铁,鼓励学生把自己的作文再改一改,并进行自评。在学生自己评定的基础上,同学之间互相评价,再一次经历语言实践,积累语言经验,促进语言素养的提升和发展。教师延迟学习层面的支持,侧重精神层面的支持,顺利完成作文自改第三步!

### 六、结语:棠棣同馨,突破与创新并茂

由一次看似"失败"却很"有效"的周记交流关键事件,引发了处在"瓶颈期"的我在作文教学上的突破,蜕故孳新,奏响了学生作文自改"三步"曲。在这过程中,当"有效失败"和"延迟满足"两朵棠棣花相互依存,先开后合,共同绽放时,学生的创新思维与创新精神得到充分滋养,突破和创新之树就会共同繁茂!

开始时未成曲调先有"探"——探索学生自改作文的主题;紧接着的是何愁无处下金"钩"——教师设置障碍,创设"有效失败"情境;再到发生转折,继续学习支架的延迟满足,提供精神层面的支持,最终突破瓶颈,柳暗花明又一"改"——学生成立自改小组,完成个性化自改第二步;最后的合可谓是无边光景一时"新"——在整个过程中不仅有学生创新思维与创新精神的培养,也有教师作文讲评课的改进和突破。在整个作文自改的教学实践中,我逐步概括出培养学生创新素养的四个基本特征:

首先,从教学理念上看,创新素养的培养不仅关注学生在教学中的主体地位,更是从学生的角度出发,充分给予学生语言实践探索的时空,让学生经历语言思维活动,积累语言经验,提升和发展语言运用能力。

其次，从创新思维和创新精神培养的教学实践来看，从"教师指导—学生作文—教师讲评—教师修改"的教学转向"学生作文—教师通览—学生探索实践—学生自改—师生共评"的教学新路径。

再次，从教师教的本质来看，教的本质在于促进，在于帮助，在于激发学生的学习热情，在于引导。引导可以表现为一种帮助，一种启迪，一种激励；可以表现为教师的适度干预，创设"有效失败"的情境，利用"有效失败"的有利资源，延迟满足，给予学生精神支持，激励学生投入到学习当中，让深度学习自然发生！

最后，从学生作文自改的过程来看，充分发挥学生的主体性，从"探索、试错、失败、比较、改进、优化、合作"等学习方式中亲历语言实践活动，创新语言思维，培养创新精神。"探索修改主题"—"按主题第一次自改"—"探讨修改方法"—"成立自改小组第二次自改"—"师生共评修改结果"，这是学生自改作文的学习过程，其中我注重的是学生创新素养的提升——创新思维和创新精神的培养。

(本文作者：朱晓依　上海市宝山区青秀实验小学语文教师　教龄5年)

## 9. 经历失败体验　创新微型实验

——以氢氧化亚铁制备实验的微型化改进为例

"化学是以实验为基础的学科。"化学实验的本质是一种具有育人价值的实践技术,在实验中的真实情境体验是学生认识化学、形成化学核心素养最直接的方式。然而,没有一定"成功"的化学实验,更没有"完美"的化学实验,因为化学实验的目的就是要引导学生在变化中认识化学,在失败中改进实验,在合作中创新方案。创造性开展化学实验的过程不仅是一种物质性的实践,也是开拓性的思维能力训练。这正是化学实验的最终目标:锻炼学生发现问题、分析问题、解决问题的能力——这些能力恰恰是当前高中生普遍欠缺的。因此,化学实验的"再生成"能对培养高中生的科学探究和创新意识起到非常重要的作用。

## 一、"失败"的实验

**(一) 对比:"理想"的实验与"失败"的实验**

金属元素是高中化学元素学习的重要组成部分,其中铁元素是我们生活中接触最多的金属元素之一,对于元素体系的研究学习具有非常鲜明的模型作用,具体体现在铁元素价态与氧化还原的逻辑关系研究及实验探究上。

学习完铁盐与亚铁盐后,同学们认识了它们的不同颜色,并认识了白色的氢氧化亚铁沉淀和红褐色的氢氧化铁沉淀的性质以及两者之间的转化,但并未真正接触到这两种沉淀。实验学习法使得铁元素的学习更加生动深刻,其中氢氧化亚铁的制备实验在铁元素学习历程中深受学生欢迎——此实验具有操作简单、现象明显等优点。为了增强同学们的直观认识,教师给不同的学习小组分别设置了氢氧化物制备的探究性学习课题。

实验中,各小组通过将亚铁盐、铁盐与碱性物质混合,分别制备氢氧化亚铁和氢氧化铁。各小组制备氢氧化铁的实验均较为成功,可以观察到预想的红褐色沉淀。但是,制备的氢氧化亚铁的颜色却各不相同,或为灰绿色,或为红褐色,均较难观察到稳定的白色,这与最初预想的实验现象截然不同。

**(二) 归因:氢氧化亚铁为什么快速变色**

制备的氢氧化亚铁为什么快速变色? 实验过程中的哪些不严谨操作导致了氢氧化亚铁制备实验的失败呢? 带着这个疑惑,同学们再次进行对照实验,对变色原因进行可行性分析。同时,结合氢氧化亚铁转化为氢氧化铁的原理,以及小组之间的经验交流和原因分析,最终同学们得出了较为一致的结论:实验过程中可能混入了空气,进而导致白色沉淀快速变为红褐色。

虽然各小组制备氢氧化亚铁实验的现象是不完美的,但这为后续的原因分析和创新改进提供了良好的发展基础。这种"失败式"教学是学生认识问题、深化问题、解决问题的一种有效教学方式,教师可通过反面实践的形式将矛盾暴露在学习过程中,对学生进行逆向刺激。教师在实验教学实践中通过流程再造、创新教学顺序等形式使学生感受失败,并通过正向引导使失败实践发展为"有效失败",引导、帮助学生认真反思实验失败的原因,在失败中站起来。

## 二、"半成功"的实验

### (一) 分析:氢氧化亚铁为什么依旧缓慢变色

1. 多角度推敲细节,为创新奠基

为制备较长时间内稳定存在的白色氢氧化亚铁,需要对原制备方案或实验装置进行改进和创新。

各小组同学通过查阅资料,总结出了不同的方法驱除可能混入的空气,如隔绝空气、煮沸蒸馏水等,将每一处可能的细节认真推敲。在分析原因的基础上,通过简易化装置制备稳定性较强的白色氢氧化亚铁沉淀是实验设计的重点和难点,也是本实验的重要创新生长点。

2. 对比多样化方案,明确实验重点

全国现行各版本高中化学教材中均设计了氢氧化亚铁制备实验,其中苏科版教材进一步设计了对照实验制备白色氢氧化亚铁,并明确提出"蒸馏水煮沸""滴管末端伸入液面以下"等技术细节,进而突出实验过程中"无氧"条件的重要性。人教版、沪教版、鲁教版教材中的制备方案,则更加明显地呈现了白色氢氧化亚铁沉淀被快速氧化变成灰绿色并最终生成红褐色氢氧化铁沉淀的过程,使学生能够切身理解氢氧化亚铁的不稳定性。

## (二) 初创新:第一轮制备实验的改进

各小组结合以上分析,提出了具有一定创新性的改进方案。

A 小组:我们根据铁与稀硫酸反应制备氢气,并利用其还原性进行气体保护。具体操作是:将铁与稀硫酸混合产生氢气,使装置内压强增大,将硫酸亚铁溶液泵入氢氧化钠溶液,立刻观察到白色沉淀。(方案一)

师:A 小组通过氢气保护法制备的白色沉淀现象非常明显,但是沉淀在较短的时间内就迅速变色,这显然不利于我们对实验现象的观察。而且,本装置设计相对复杂,使用的仪器清洗也不方便。在实验条件不充足的基础上,小组成员难以在短时间内进行多次对照操作。

B 小组:我们组认为,要避免氢氧化亚铁被氧化,应从源头上解决氧气的存在问题,可从环境和试剂两个角度进行氧气隔绝。具体措施有:煮沸蒸馏水、试剂现配现用、将滴管尖嘴插入液面以下,最终明显观察到白色沉淀。(方案二)

师:将 B 小组制备所得的白色沉淀,与 A 小组的白色沉淀进行观察对比。虽然白色沉淀已经可以在一定时间内保持相对稳定的白色,但几分钟后,逐渐变为灰绿色,这与我们所期待的较长时间内稳定的白色沉淀还是有一定差距的,需要在 B 小组实验方案的基础上继续进行创新。

C 小组:为实现简便操作,同时结合绿色化学的思想,利用植物油密度小于水的性质,对溶液进行液封,避免氧气混入反应体系。(方案三)

师:C 小组的方案与 B 小组的方案都充分体现了隔绝氧气的设计思路,而且能够较好地体现绿色化学理念,但与 B 小组制备所得的白色沉淀相比,C 小组方案在稳定性方面并无明显差异。

表1 各小组"初创新"实验方案对比

| 方案 | 改进之处 | 实验结果 | 不足之处 |
|---|---|---|---|
| 方案一 | 引入还原性气体——$H_2$，形成气体保护氛围 | 白色沉淀迅速变色 | 装置复杂，操作不便，沉淀并不稳定 |
| 方案二 | 从环境和试剂两方面隔绝氧气 | 短暂观察到白色沉淀，逐渐变为灰绿色 | 白色沉淀不能较长时间稳定存在 |
| 方案三 | 符合绿色化学理念，对溶液进行液封以隔绝空气 | 短暂观察到白色沉淀，缓慢变为灰绿色 | 白色沉淀不能较长时间稳定存在 |

以上各小组通过改进实践获得的氢氧化亚铁沉淀，均会在较短时间内变色，片面地从实验现象来看，实验结果依旧是失败的。这样的失败体验，促使学生的实验技能和动手能力得以提升，并在教师的引导下更加深入地理解每一处细节和分析，这对后续的装置微型化改进具有十分重要的启发性意义。从这一角度而言，实验的失败又是成功的"有效失败"，也可称之为"半成功"。

在教学实施过程中，由零起点到初创新，将失败逐步转化为"有效失败"的教学设计逻辑，使学生螺旋式上升、渐进式创新，帮助学生更好地理解实验原理，剖析原因，寻找创新生长点，为后续深度改进提供了重要依据。在教学过程中，结合学生的实践操作、失败分析以及教师的拓展引导，对实验装置作进一步微型化改进，以制备稳定的氢氧化亚铁沉淀。

## 三、"成功"的体验

### （一）再创新：制备实验"微型化"改进

C小组：对比实验方案，我们查阅资料、讨论方案，对教材中氯气性质探究实验的方案和特点进行分析,引入新的实验工具——注射器。它具有易于组装、密封良好、材料广泛等优点,我们将此命名为"微型混合法"。**(方案四)**

D小组:由各小组的实践过程可知,实验的最优措施是气体保护和从根源上隔绝氧气,但这些措施都存在过程或装置复杂等不足。拓展课上同学提出用"相互促进水解"的原理制备氢氧化亚铁,在注射器的基础上嫁接新的实验工具——一次性吸管,它最突出的优点是密封性良好。利用水解过程中产生的二氧化碳进行气体保护。**(方案五)**

师:实验结果正如大家的惊讶表情所呈现的一般,D小组的操作过程非常简单,而且非常稳定。针对初创新的不足,再创新实验巧妙地利用了微型化的注射器,使制得的白色沉淀相对稳定,特别是方案五中的白色沉淀可在很长的时间内稳定存在。相较于方案一的联合制备装置,一次性吸管的微体积使微型化的优势更加凸显,便于小组同学在较短时间内进行设置对照、广泛参与、多次验证。

**表2　各小组"再创新"实验方案对比**

| 方案 | 改进之处 | 实验结果 | 创新成效 |
| --- | --- | --- | --- |
| 方案四 | 加液胶头滴管换用注射器 | 白色沉淀在一定时间内稳定存在 | 装置透明,现象可视;操作简便,适于定量加液 |
| 方案五 | 注射器结合一次性滴管 | 白色沉淀在较长时间内稳定存在 | 装置透明,现象可视;原理简单,二氧化碳气体保护;装置微型化,可多次操作;白色沉淀长时间稳定 |

以下对方案四和方案五的过程进行简要阐述,并从环境友好性、目标可及性、创新性、操作性等方面进行多维度师生共评。

1. 实验准备

实验器材：一次性吸管、注射器。

实验试剂：氯化亚铁溶液、碳酸氢钠溶液、稀盐酸、氢氧化钠溶液；以上试剂均用煮沸的蒸馏水现配现用。

2. 改进后的实验过程

● 方案四：微型混合法制备氢氧化亚铁

第1步：注射器A和B中分别吸入一定量的氯化亚铁溶液和氢氧化钠溶液；

第2步：将B中的氢氧化钠溶液缓慢推入A中；静置，观察颜色。

● 方案五：吸管＋注射器组合制备氢氧化亚铁

第1步：挤出吸管中的空气，吸取约3毫升的碳酸氢钠溶液，将吸管尖嘴朝上；

第2步：向吸管内注射少量稀盐酸，产生二氧化碳，利用其密度排出空气；

第3步：向吸管内注射少量氯化亚铁溶液；静置，观察颜色。

3. "成功"的实验结果

方案四中，注射器中的反应物快速反应，产生白色沉淀，静置后缓慢变为灰绿色，1小时后，最终变为红褐色。

方案五中，向吸管内注射稀盐酸后，快速产生大量气泡，再缓慢注射氯化亚铁溶液，迅速产生白色絮状沉淀（图1左侧），在较长的时间内稳定存在（图1右侧）。

### （二）体验"成功"：微型化实验装置的客观评价

C和D两组同学对实验中积累的操作经历及对照实验结果进行准确分析，明确了实验不理想的主要原因，使其发展为"有效失败"。小组同学密切合作，自主进行方案设计，并汲取教材中实验装置的优点加以迁移应用，使实践反思能力和动手合作能力不断提高。结合对照实验现象，对微型化实验装置进行客观评价。

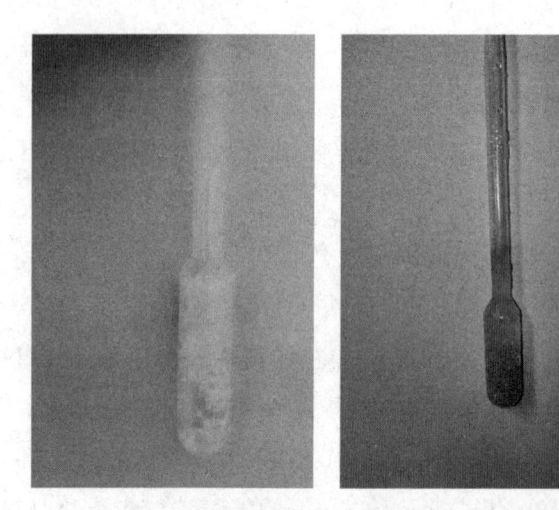

图 1　方案五初始(左)与静置 1 小时(右)对比

主要优点有：

(1) 两组实验采用了体积小巧的注射器和一次性吸管，具有设备简单易得、便于组装、微型化等优点。

(2) 两组实验中的注射器和一次性吸管均具有透明的优点，便于学生观察和记录实验现象，对实验进行中的细节变化进行认真记录。

(3) 方案四中的注射器属于半封闭体系，具有良好的密封性且易于定量添加试剂，但不足之处是添加试剂过程中容易混入空气，导致白色沉淀在一定时间内变色；方案五的实验装置更接近于封闭体系，且吸管是柔软塑料材质的，便于使用细小的注射器添加试剂。

(4) 方案五引入二氧化碳进行气体保护，利用其密度大于空气的物理性质，避免了空气氧化氢氧化亚铁。

(5) 从沉淀的稳定性来看，方案五制备的氢氧化亚铁沉淀能够在较长的时间内保持稳定，这得益于一次性吸管的全封闭体系性质。

(6)基于两组方案中装置的微型化优势,学生能够在短时间内便捷地进行多次实验,不断实践、探究实验条件,进而制备出更加稳定的氢氧化亚铁沉淀。

如同失败与成功的关系一般,任何创新型设计的出现都具有一定的改进空间。例如,实验实施过程中学生对注射器的使用稍显陌生,尤其是注射器针头的使用,应当在实验前进行必要的指导、练习和基本防护。

两组实验方案均在前期失败实践和总结经验的基础上进行优化,具备了创新性的特点。从中学生能够更加深刻地理解实践出真知的道理,不断提升合作学习能力、实验探究能力和创新思维意识。

学生创新意识的不断增强正是教学目标达成的体现。教师在失败的基础上引导学生观察、对比现象,分析和解决问题,实现初创新、再创新直至成功。如此循序渐进式的教学设计,能够使不同能力的学生均达到最优的思维创新高度,最大程度地实现教学目标。

## 四、反思与启示

### (一)无惧实验失败,力争优化创新

学生在实验过程中,经常会出现不理想或者失败的经历;于学生和教师而言,失败并不可怕。在学生实验失败后,教师可通过启发或者探究式教学调动小组成员勇敢地进行广泛合作,设计更加可行的实验方案,使学生成为课堂的主人翁。

在学生实验优化实施过程中,教师应在失败经历的基础上引导学生不断反思、总结经验、优化装置,充分验证目标达成度,使实验装置微型化、操作简单化、实验操作大众化。这既是学生实验方案思维的创新,也是教师致力于发展学生学科思维的教学方式创新,为学生的长期学习、终身学习筑牢基础。

### (二) 重视"有效失败",发展创新思维

学生的每次失败经历都是一次生动的学习体验。教师在实验教学中通过多样化的组织形式,使学生沉浸式地经历完整的实验探究过程,强化教师与学生共同的"失败"实践与合作创新过程,培育学生的科学精神。

教师从学生的失败出发,为创新而行,选取意义深远的化学实验,促进学生在合作中进行"头脑风暴",突出探究过程中遭遇的实验困境与障碍分析。引导学生在每一次失败中获取新的发现和收获,使其成为"有效失败",提高学生的认知水平,发展学生的高阶思维能力,这才是较为理想的"有效失败"转化。如此,更能激发课堂主体的主观能动性,去设计绿色、创新的微型实验,进而为自主创新、长期学习打下坚实基础。

### (三) 利用失败经验,驱动创新设计,落实核心素养

利用失败的经验,促进学生自主创新设计微型实验,进一步体现了化学实验对化学学科核心素养培育与发展的重要应用价值。在失败的基础上进行提升创新,是引导学生认识化学本质和规律的重要方式,不但能够激发学生的学习兴趣,更能够发展学生的学科思维。

同时,课堂中出现的意外失败,也是教学设计创新改进的重要素材。教师在关注学生的失败与创新转换的同时,更应及时分析原因,并在后续的教学过程中进行优化调整,实现教学设计的创新,使学生实验更加具有教育意义,使课堂更贴近化学学科核心素养的培育。

新课标鼓励化学实验向微型、创新的可持续发展方向不断前行,倡导教师在实验实践过程中不断培养学生的自主创新能力。但创新不是一蹴而就的,更不是轻而易举的,它的起点、过程和成果均需要扎实的知识积累、成熟的进阶思维和大量的劳动付出,更需要在不断实践中经历失败,在失败中磨炼坚韧的意志。

**参考文献**

[1] 李静.微型化学实验在高中化学教学中的实践分析[J].才智,2020(15):139.

[2] 徐敏,柳傲雪,曾永明.微型化学实验及其在中学教学中的应用[J].安徽化工,2021,47(5):175-177.

[3] 中华人民共和国教育部.普通高中化学课程标准(2017年版2020年修订)[S].北京:人民教育出版社,2020.

[4] 湛志华,薛茗月,杨鸣婵,等.浅谈高中化学学科核心素养的培养[J].科学咨询(教育科研),2021(24):8-9.

(本文作者:褚中运 上海市嘉定区封浜高级中学化学教师 教龄4年)

## 10. 从"信笔涂鸦"到"妙笔生花"

——巧用一篇"失败"的习作激活创新写作思维

在语文写作指导课上,我们常常会梳理所学的经典课文中出现的写作方法以供学生去仿写,希望他们能迁移运用恰当的写作方法来表达自己的情感,但结果往往不尽如人意。学生在学习完课文之后,回归到自己的生活与写作时,仍觉得无话可写、无从表达。很多同学为了完成任务,写一篇"流水账"交差,语言枯燥,毫无美感。还有些同学叙事时缺乏逻辑,想到哪写到哪,记事的同时不能将情感写具体,整篇文章犹如"信笔涂鸦",不堪卒读。导致这样"失败"的写作现状的很大一部分原因是学生缺乏写作思维。由此,写作思维的激发和提升对于语文写作有很重要的意义。

那么,如何激发学生的创新写作思维呢?2008年,新加坡南洋理工大学马努·卡普尔教授提出"有效失败"概念,引起了课程研究者们极大的关注。众多研究者开始将视角转向"失败"的案例,思考并重构教学设计。基于初中阶段学生的心理特点和写作能力，先从"失败"的习作中发现问题，再借鉴课内资源解决问题以补救失败，最后运用评价量表等工具把所学运用到自己的写作中以升华失败，这样的策略不失为一种有效的办法。

这样的认识和感受源于我的一次创意写作指导实践。

## 一、走进基于学情的写作困境——"信笔涂鸦"的写作失败常态

### （一）原生态写作，捕捉"失败"要点

在学习统编版语文六年级下册第二单元后，为了训练学生把印象深刻的事情的发展经过写清楚，把情感真实自然地表达出来，我为他们设计了两个叙事类作文题目：《一件令我＿＿＿＿＿＿＿的事》和《难忘那一天》，由学生选择其一作为家庭作业。

这样原生态的写作创设，可以更加全面地暴露出他们在叙事类记叙文写作中存在的问题。在学生完成后，我将他们的文章收集起来，分析他们在写作中呈现的问题并进行归类，主要表现为：选材不新颖、结构不合理、叙事无逻辑、情感不具体等。这些问题都可被视为学生写文章的失败之处，正是教学指导中要解决的关键所在。

我选择了其中叙事过于简单、情感表达不够具体两方面问题，制定清晰明确的教学目标，即学习借助流程图梳理事件发展阶段和情感变化过程，以及学习运用修辞、人物描写、环境描写等手法，在事件的发展过程中具体生动地表达自己的情感。

为了使教学内容更有针对性，我特地从学生的习作中选择了一篇典型的"失败"的习作，以引出本节课要学习的内容和要达成的目标。

### （二）合作式共读，询证"失败"因由

捕捉到一篇典型的"失败"习作后，我准备把它当成课堂的"靶子"，引导学生

去击中它的缺点,以此来活跃写作思维。在此前,为了达成让学生学习借助流程图梳理事件发展阶段和情感变化过程的目标,我利用学过的文章《那个星期天》,设计了导学单——引导学生通过补充事件发展阶段和情感变化过程流程图来明白叙事要有逻辑,按照一定顺序记事,写清楚事件发生的几个阶段,在事件叙述过程中把情感写得真挚、深切,写出情感变化线。流程图如图1所示:

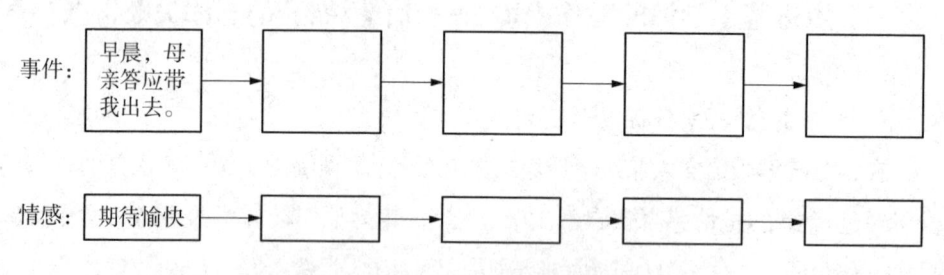

事件:早晨,母亲答应带我出去。→ □ → □ → □ → □

情感:期待愉快 → □ → □ → □ → □

图1 事件发展阶段和情感变化过程流程图

学生补充完流程图后,我便将"靶子"文章抛出,引导学生对照流程图,说出这篇习作失败在哪里。文章如下:

**一件令我愧疚的事**

① 每次看到我的试卷,我就会想起那件令我愧疚的事——偷偷改试卷答案。

② 那是一次数学考试后,我看到我的试卷上被老师用红笔写了一个大大的100。就在我向大家炫耀成绩时,我发现我的同桌也考了100分,于是我和他对起了答案。突然,我发现有一题我漏了一个小数点,而老师竟然没有看出错误。如果同桌知道了肯定会告诉老师,那我就没有100分了,也没有爸妈200元的奖励了。

③ 俗话说得好,"有钱能使鬼推磨"。在金钱的诱惑下,我默默改了答案。

④ 走在回家的路上,我不确定接下来会发生什么。

⑤ 到了家,父母看到我考了 100 分,果然奖励了我 200 元。第二天妈妈给我买了几本关于数学的书,并鼓励我继续加油,好好学习。我心里充满了深深的愧疚,我毕竟欺骗了他们。

⑥ 在接下来的几天,我都充满了愧疚,每天觉也睡不好,饭也吃不下。终于爸爸发现了我的异常,语重心长地对我说:"儿子,你怎么了,你没事吧?"我终于鼓起了勇气,把事情的来龙去脉告诉了父亲。没想到父亲不但没有责罚我,还表扬我说:"敢主动承认错误就是好孩子。不过以后可不能再做改成绩的事了。"我点了点头,那一刻我下定了决心,下次一定要靠自己的真实能力考 100 分。

⑦ 通过这次的事,我知道了我们一定不能忘掉诚实,没有什么比诚实更加重要了。

共读习作后,学生们激烈地讨论着,争先恐后地说出他们的发现:

学生 1:这篇文章虽然总体按照时间顺序写事情,但是没写清楚事情发展的几个阶段,可以按照改答案前、改答案时、改答案后三个阶段来写。

学生 2:这篇文章写事情详略不当,改答案后走在回家路上的心理活动应该详写。

学生 3:文章没有写清楚情感变化线,可以把情感变化过程分成高兴、犹豫、忐忑、愧疚四个阶段。

……

根据同学们的讨论,"靶子"文章《一件令我愧疚的事》的事件发展阶段和情感变化过程如图 2 所示:

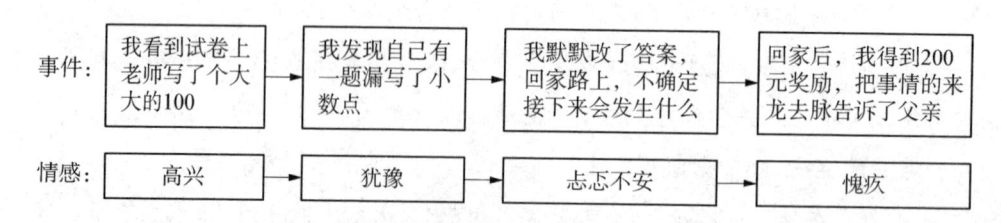

```
事件:  我看到试卷上  →  我发现自己有  →  我默默改了答案，  →  回家后，我得到200
       老师写了个大      一题漏写了小      回家路上，不确定      元奖励，把事情的来
       大的100           数点              接下来会发生什么      龙去脉告诉了父亲

情感:     高兴       →      犹豫        →      忐忑不安       →         愧疚
```

图 2 《一件令我愧疚的事》的事件发展阶段和情感变化过程

### （三）倒推式反思，总结"失败"经验

从学生的写作结果来看，学生的写作常态之所以呈现出如此多的困境，作为教师，我从写作问题出发进行反思，认为存在以下几方面原因。

1. 缺乏梯架过渡，对课内资源的整合运用不够

最初，为了让学生更多地暴露写作中存在的问题，我在学习统编版语文六年级下册第二单元后，就直接让学生完成习作《一件令我_____的事》或《难忘那一天》，并未在写作前对他们进行指导。我原本以为，他们会自然而然地借鉴本单元所学课文中的写作方法，将叙事抒情方法迁移运用到自己的写作中。可从结果来看，在他们对于课内文章写作方法的迁移运用方面，我的关注远远不够。

2. 缺乏过程评价，过于注重写作结果的呈现

由于我将本次习作布置成家庭作业而非让学生在课堂上完成，因此在他们写作时，对于过程的指导几乎没有，这就导致对学生写作过程缺乏关注和评价，过于注重写作结果的呈现。而对写作过程的评价往往是写作教学中的重要一环，可以及时为学生调整写作方向与思路，使习作质量更高。同时，同学互评也是同伴学习的珍贵机会，这种课堂生成资源对提升学生的写作技能十分重要。

以上对写作失败经验的总结，对接下来的写作教学具有指导意义。

## 二、共建立足教材的写作支架——"妙笔生花"的创新写作探索

### （一）补救"失败"：运用课内外迁移，丰富写作角度

《义务教育语文课程标准（2022年版）》明确指出，教师"要从核心素养形成和发展的内在规律出发，紧密结合语文教材内容，选择有利于组织和实施综合性语文实践活动的优质资源，构建开放多元的教学资源体系"。

英国政治改革家斯迈尔斯曾说过："我们从失败中学到的东西要比从成功中学到的东西多得多。"有效的失败对于学生而言是珍贵的学习资源，利用得当可以促进学生思维能力的提升。

在学生明确了叙事类记叙文中要设置3—4个情感变化的阶段（情感变化线）后，我向学生提出了这样一个问题："除了如文章《一件令我愧疚的事》最后一节直抒胸臆外，还可运用哪些间接描写把事件发展过程中的情感写具体、写清楚呢？"

这时学生自然而然就学会了先把视角转向课本，挖掘教材中可借鉴的方法，梳理出了如下几种把情感写具体的方法。

1. 修辞达情

> 他们像一群魔鬼似的，把我们包围起来。
> ——《十六年前的回忆》

> 有的宅院里探出半树银装，星星般的小花缀满枝头，从墙上窥着行人，惹得人走过了还要回头望。
> ——《丁香结》

> 你聪明的，告诉我，我们的日子为什么一去不复返呢？
> ——是有人偷了他们吧：那是谁？又藏在何处呢？是他们自己逃走了

> 吧:现在又到了哪里呢?
>
> ——《匆匆》

在叙事类记叙文中运用比喻、拟人、排比、反问、设问等修辞手法,可以增强语言的表现力,也能让情感更强烈、生动。

根据这种方法,学生直接学习修改"失败"的习作,使其叙事更有条理,情感更具体。如将原文中"那是一次数学考试后,我看到我的试卷上被老师用红笔写了一个大大的100",改为:"那是一次数学考试后,当我看到我的试卷上被老师用红笔写了一个大大的 100 时,'哇!全对!'我像一个打了胜仗的将军,抑制不住内心的喜悦大呼起来,恨不得让全班同学都看到这鲜红的荣誉和耀眼的战功。"

2. 人物描写显情

> 您说了去!……买完菜马上就去吗?……
> 去吗?去吧,走吧,怎么还不走呀?走吧……
>
> ——《那个星期天》

> 我踏着一块块方砖跳,跳房子,等母亲回来。我看着天看着云彩走,等母亲回来,焦急又兴奋。我蹲在院子的地上,用树枝拨弄着一个蚁穴。院子里就我一个孩子,没人跟我玩。我坐在草丛里翻看一本画报,那是一本看了多少回的电影画报。
>
> ——《那个星期天》

在描写人物时运用语言描写、动作描写、肖像描写、心理描写等描写方法,可以将人物的情感写得更直观,更耐人寻味。

学生将习作中"就在我向大家炫耀成绩时,我发现我的同桌也考了 100 分,于是我和他对起了答案。突然,我发现有一题我漏了一个小数点,而老师竟然没有看出错误。如果同桌知道了肯定会告诉老师,那我就没有 100 分了,也没有爸妈 200 元的奖励了",改为:"就在我向大家炫耀成绩时,我发现我的同桌也考了 100 分,于是我和他对起了答案。突然,我发现有一题我漏了一个小数点,而老师竟然没有看出错误。如果同桌知道了肯定会告诉老师,那我就没有 100 分了,也没有爸妈 200 元的奖励了。我一直想:到底改不改答案呢?改了我觉得对不起胸前的红领巾,我就是个不诚实的人了;可是不改,我就没有奖励了。我刚才那般炫耀,同学知道我没考满分岂不会笑话我?我举棋不定,紧握在手中的笔与翻江倒海的心不停僵持着,它们谁也无法说服对方,都怕做出错误的决定。"

3. 环境描写衬情

那是个春天的早晨,阳光明媚。

我感觉到周围的光线渐渐暗下去,渐渐地凉下去沉郁下去,越来越远越来越缥缈。

光线正无可挽回地消逝,一派荒凉。

——《那个星期天》

在叙事类记叙文中可以通过描写季节变化、风霜雨雪、山川湖泊、森林原野等环境来侧面烘托人物的情感。

习作中"走在回家的路上,我不确定接下来会发生什么"这句原本将情感写得很笼统,学生在修改时增加了一些环境描写来表现忐忑不安的心情,如:"走在回家的路上,夕阳把我的影子拉得很长,肩上的书包仿佛也比往日更加沉重。晚风吹来,拂动着我的思绪,也给突突跳动的心又套上了一道枷锁。眼前人声鼎沸的街,耳边轻松愉快的笑,身后奔跑嬉戏的闹,都使我的内心愈发忐忑不安,万一爸妈看出来了怎么办？如果他们再告诉老师,那我在老师心里不就没有好印象了吗?"

### (二) 突破"失败":嵌入过程性评价,丰富写作细节

片段写作是篇章写作的基础。在片段修改之后,同学们进一步掌握了有条理地叙事和把情感写具体的方法,接下来能把所学运用到自己的文章写作中才是关键。

《义务教育语文课程标准(2022年版)》指出,"在小组合作、汇报展示过程中,教师应提前设计评价量表、告知评价标准,引导学生合理使用评价工具,形成评价结果"。在学生修改自己习作的阶段,我为他们设计了习作修改评价量表(表1),一方面便于学生对照量表从不同维度判断自己的习作有哪些不足,另一方面也有助于学生与同伴之间形成过程性评价,进一步巩固所学。

表1 习作修改评价量表

| 题目 | 事件发展阶段 | 情感变化过程 | 评价维度 | 评价标准 | 有或无(√) | 具体改进 | 同学互评★★★★★ |
|---|---|---|---|---|---|---|---|
| 《一件令我_____的事》或《难忘那一天》 | | | 修辞手法 | 用比喻、拟人、排比、反问、设问等修辞手法生动表达情感 | | | |
| | | | 人物描写 | 用动作描写、语言描写、心理描写、肖像描写表达情感 | | | |
| | | | 环境描写 | 描写季节变化、风霜雨雪等环境衬托情感 | | | |

很多学生根据所学的方法和评价量表,从不同的角度对自己的习作《一件令我_____的事》或《难忘那一天》进行了修改。他们或增加了修辞手法的运用让语言更准确地表达情感,或增加了人物描写来直接表现人物情感,或增加了环境描写来烘托情感。

增加修辞手法:

打开房门,一股热浪扑面而来。我好像身处于一个桑拿房,只走了几步路就满头大汗了。

增加人物描写:

我的眼睛瞪得像铜铃,不敢相信它真的回来了。我一把将它抱在怀里,久久不愿撒手,仿佛一松手它就会再次丢失一样。此刻,我找到了它,就像找回了全世界。

增加环境描写:

天空昏沉,乌云密布,雨越来越大,密密地倾斜而下。我听着雨声,心中愈加忐忑,手失去了力量,笔从颤抖的手中滑落,我猛地一惊,才回过神来。

在同学们修改完成自己的习作《一件令我_____的事》或《难忘那一天》之后,我通过屏幕共享将他们修改的内容投屏,然后让其他同学再对修改的内容进行点评,形成生生互动,巩固了课堂效果。

### 三、提炼重构设计的写作经验——"推陈出新"的创意写作实践

回望这节创意写作指导课,学生借助流程图,从梳理《那个星期天》中"我"的盼望过程与情感变化线迁移到课外习作《一件令我愧疚的事》,梳理出习作中的事件发展阶段和情感变化过程。对于如何将情感写得具体生动且细腻这一问题,我为学生搭建支架,指导学生在写作练习中一一落地,有效练习了用修辞达情、用人物描写显情、用环境描写衬情等方法。最后,学生将自己的习作与评价量表进行对照,在明确修改方向的基础上,运用本节课所学,从修辞、人物描写、环境描写等角度把情感写具体、写细腻。从课堂表现来看,同学们积极踊跃地参与课堂讨论与写作练习,思维得到了激发,写作能力也得到了一定提升。整体而言,本节课呈现出以下几方面的创新之处。

#### (一)资源可享,激活创新思维

《义务教育语文课程标准(2022年版)》在"课程实施"部分强调,教师在教学中要"丰富学习资源,整合多种媒介的学习内容,提供多层面、多角度的阅读、表达和交流的机会,促进师生在语文学习中的多元互动"。同时还指出,"课程资源的使用要以促进学生核心素养发展为目的,多角度挖掘其育人价值,与课程内容形成有机联系,促进课程目标全面达成。教师要多角度分析、使用课程资源,善于筛选、组合课程资源,利用课程资源创设学习情境,优化教与学活动,提高教学效益"。

这节课的设计结合单元目标和学情,挖掘教材中《那个星期天》等课文的教学点,用学生熟悉的课内文章例句作为引导,给予学生赏析词语感情色彩、体会修辞妙处、探讨情景关系等多角度的示范和启发,并以此为支架指导学生修改习作。

这节课充分筛选、整合并运用了教材资源,激活了学生的创造思维,打开了学生写作的新思路。

### (二) 思维可视,提升学习实效

《义务教育语文课程标准(2022年版)》认为,"思维能力是指学生在语文学习过程中的联想想象、分析比较、归纳判断等认知表现,主要包括直觉思维、形象思维、逻辑思维、辩证思维和创造思维"。

课堂上,学生通过批注、朗读、写作等形式呈现思维过程,运用"腾讯会议"中的"互动批注"功能,圈画事件发展阶段,阐述对情感变化过程的理解。在课堂的创新写作阶段,学生通过朗读和赏析自己修改的语段来呈现他们对创意写作方法的运用和思考。多种学习形式的结合,巩固和强化了写作知识的迁移,也使学生的表达能力、思维品质、想象力得到了训练和提升。

### (三) 过程可评,尊重主体地位

《义务教育语文课程标准(2022年版)》强调,"过程性评价重点考察学生在语文学习过程中表现出来的学习态度、参与程度和核心素养的发展水平,应依据各学段的学习内容和学业质量要求,广泛收集课堂关键表现、典型作业和阶段性测试等数据,体现多元主体、多种方式的特点"。此外还强调,教师"要充分尊重学生的主体地位,关注学生在兴趣、能力和学习基础等方面的个体差异,引导学生开展自我评价和相互评价"。

在选取角度修改自己的文章后,不同组别的同学在课堂上根据习作修改评价量表进行互评,或肯定同伴的学习态度,或赞美同伴的写作能力,或为同伴提出继续改进提升的建议。这些评价激发了学生的学习兴趣,提升了他们的课堂参与度。同时,在课堂中嵌入过程性评价,更是尊重学生学习主体地位的表现,有助于学生反思学习过程。

**(四) 体验可迁,落实学科素养**

《义务教育语文课程标准(2022年版)》指出,"义务教育语文课程培养的核心素养,是学生在积极的语文实践活动中积累、构建并在真实的语言运用情境中表现出来的,是文化自信和语言运用、思维能力、审美创造的综合体现"。此外还指出,课标修订要"强化课程综合性和实践性,推动育人方式变革,着力发展学生核心素养。凸显学生主体地位,关注学生个性化、多样化的学习和发展需求"。

这节创意写作指导课运用导学单、流程图、评价量表等工具,引导学生梳理习作例文的失败之处,并明确事件发展阶段和情感变化过程,关注修辞运用、人物描写、环境描写等方法。学生在课堂中变身"小老师",做课堂的主人,亲自体验例文修改过程,并在评价量表的引导下,多角度完善自己的习作,这些课堂活动都加深了学生的学习体验。在课堂的各个环节中,充裕的时间、可操作性强的量表以及思维的挑战都让学生充分投入到课堂中,学科素养也在他们自信满满的学习过程中得到了培育。

## 四、结语

面对暂时的写作"失败",教师要在课堂上为学生创设认识"失败"、包容"失败"、补救"失败"、突破"失败"的机会,使学生在接纳写作"失败"的同时又不失超越"失败"、进行创新写作的信心。

提升创新思维能力和写作能力并非易事,学生需要在一次次的写作尝试中积累经验,尤其对于写得不太成功的习作,修改与升格的过程往往也是激发创新思维的过程。

真正要做到"失败中求变""失败中求新",则离不开教师重构课堂设计,为学生搭建一步步进阶的脚手架,并将创新目标一一落实在写作实践中。

**参考文献**

[1] Kapur M. Productive Failure [J]. Cognition and Instruction, 2008(26):379 - 424.

[2] 王倩倩.利用有效失败促进学生有效学习的教学策略研究[D].武汉:华中师范大学,2019.

[3] 中华人民共和国教育部.义务教育语文课程标准(2022年版)[S].北京:北京师范大学出版社,2022.

(本文作者:周曼 上海市闵行区浦江第一中学语文教师 教龄7年)

# 11. "有效失败"中的自我"焕新"

## ——以高一语文戏剧节学习活动为例

如果有人问你:"你喜欢'失败'吗?"你会怎么回答?

人们总是倾向于躲避失败,或者沉浸在失败的情绪里无法自拔,结果错过了太阳,错过了月亮,也错过了群星。回想刚刚过去的五月,我经历了一场刻骨铭心的"失败",却收获了一份丰厚的礼物。

### 一、意外的"失败"

2023年5月26日,在高一语文戏剧节结束的时候,我坐在场边,累得有些恍惚。对于这次活动,我们筹备了很久,却好像失败了,我真的有些"意难平"。

这次的"失败"首先表现为观众的流失。在戏剧表演还没有散场的时候,观众席上的同学们就出于各种各样的原因,已经走得差不多了,剩下的同学在看台上坐得稀稀拉拉的，连鼓掌都没有气势。

而超长的时间跨度，也让活动的失败指数慢慢攀升。我记得自己当时不断看表，表演已经进行了两个多小时，但是 14 个班级中还有 3 个班的同学没有上台，有的演员已经嘟起了嘴，觉得被排在那么后面上场，既影响演戏的心情，又可能影响获奖的等次。

活动的志愿者们也在高强度的工作中渐渐变得疲劳。我看到几位核心志愿者在努力维持戏剧节的各项进程，但是礼仪、计票、计时的工作人员严重不足，剩下的几个人只好在现场到处"救火"。我看得很心疼，但是也只能和大家互相打气，努力撑到了最后。

比赛之后，有班级提出质疑：

"你们的计时正确吗？"

"我们班其实还有两分钟才满 15 分钟，为什么被要求下台？"

"中途改规则，从统一扣 3 票，变成超时 1 分钟就扣 1 票，我们班觉得不公平。"

……

有一些看不见的小情绪，在学生的心里慢慢滋长，对此我感觉很不是滋味。

天色黯淡，随之黯淡的还有我们的心情。

## 二、原来这叫"有效失败"

但凡是学生实践活动，就难免有遗憾。不过，我在阅读书籍资料的时候发现的"有效失败"理论，又让我有了新的思考。

"有效失败"的概念最初于 2008 年由新加坡南洋理工大学马努·卡普尔教授提出。以孩子的学习任务完成程度与是否产生学习经验或收获为两大参数，卡普尔把学习现象分为有效成功和无效成功，有效失败和无效失败。

所谓的"无效失败",指的是学生在缺乏指导的情况下,对即将完成的任务一筹莫展,不能解决问题。所谓的"无效成功",体现为学生记住老师给出的算法或者知识,但不理解为什么要这样做。而"有效失败"则不同,是指学生使用先前知识,努力在实践中找出解决方案,即使在短期之内不能获得成功,但是在这些实践中积累了经验,并在后续发展中得到了更多的指导。"有效成功"则是学生将思维结构化,既能解决具体问题,也能在未来独立应对未知的复杂问题。

在这四种情况下,"无效失败"产生的收益最小,因为学生的思维没有得到任何引导,他们只关心应该学习什么具体的内容,最终并没有达成什么实际效果。"无效成功"的价值也有限,因为在这种情况下,学生只依赖记忆,但永远不知道为什么以及如何应用,没有实现能力的迁移。

而"有效失败"作为"有效成功"的基础,真正体现了"失败是成功之母"的意思。通过"有效失败",学生将课本知识迁移到现实生活中,并且融会贯通,继而在更高阶的层面上形成经验和方法论,最终走向"有效成功"。

对照灌输式、填鸭式的学习,我们可能会发现一个"学习悖论":当你努力学习新知识时,学得越吃力,甚至是遭遇失败,你越能更好地记忆和运用那些知识。这里的失败,就是指"有效失败"。

在具体的实践过程中,"有效失败"的积极探索经常会出现在理科试验的综合探究过程中,学生通过反复参与科学实践、观察实验数据,从生活到理论,增强动手能力,培养科学素养和不畏艰难、勇攀高峰的科学精神。

在"双新"背景之下,语文学科的实践活动其实也能在传统意义上的篇章讲解、题目练习、作文写作等形式之外,以活动的形式,让学生在"做中学"。既然是实践活动,就会有错综复杂的现实情况需要处理,就会遇到各种各样让人遗憾的情况。

如果教师可以从语文学习活动的失败案例中,发现那些可以促人思考的"有效失败",那么就可以在反思中反败为"新",真正引导学生从"有效失败"走向"有效成功"。

### 三、失败也能孕育"新"成长

活动带来的那一份缺憾,在此后的一周里都萦绕在我的心中。直到有一天,同学们给我写来了洋洋洒洒近十页的《谏主办方书》。

我看到文章就规则更改的合理性问题、流程疏忽的公平性问题、尊重问题、评选的专业性问题等内容进行了深入思考。那个时候我们刚刚上完统编教材第八单元的课文《谏太宗十思疏》,魏征的思想、勇气现在也跃动在学生写的这一份《谏主办方书》里。这不是教师要求学生完成的作业,而是同学们自发书写的内容。

"这一次计时有问题,是因为只有一个人计时。如果可以安排两位志愿者同时计时,就能及时发现问题。"

"如果可以把计时器直接打到大屏幕上,大家就都可以监督提醒了。"

"下一次安排一个半决赛,先做一次筛选,然后适当放宽决赛节目的时间限制,让节目质量更高,更吸引人。"

"如果可以按照学院顺序出演,或者两个班合演一个节目,也能大大缩短时间!这样观赏戏剧的体验感会更好。"

"这一次的志愿者工作安排有点模糊,很多人想要做事,但是找不到岗位,所以效率很低,下一次我们要把沟通工作做得更好。"

……

我看了同学们写的话,先是眼睛一亮,然后心里也敞亮起来:可以在事后让学生和老师自觉反思,努力沟通,产生"新"的想法的失败,不就是"有效失败"吗?

即使活动中充满了失误和遗憾,但如果因此产生了更为成熟的想法,那么这样的体验也提供了促使活动者成长的契机。在此过程中,老师和学生都经历了情绪的平复和认知的增长,在事后的反思中生成了"新"的想法,成为"焕然一新"的自己。好的经验也可以作为这一次实践活动的宝贵财富,被传递给下一届活动主办方,从而让语文戏剧节的学习实践活动办得越来越好。

于是我开始期待接下来新一届高一的戏剧节活动,也对筹备高二的学生学术论坛产生了信心。

## 四、"有效失败"后可供利用的"新"路径

卡普尔指出,"有效失败"能否成为一个关键的过程,取决于下面三个条件:选择"具有挑战性,但不会令人绝望"的问题;让学习者有机会解释和阐述他们的探索过程;让学习者有机会比较和权衡解决方案。

无法轻松解决的难题,是学习的必要前提条件,哪怕这意味着长期的自律和延迟满足。作为语文教学的实践者,教师要善于在语文教学中给学生创设解决问题的具体情境,也要实时跟进,做好学生实践过程中失败困境的导引工作,确保学生处于安全的"有效失败"的激励状态。

### (一) 活动前:兴趣点和困难点的预设

学生在掌握基本知识技能、实现能力飞跃之前,必然有很多学习的障碍需要跨越。在激发学生学习兴趣的同时,教师也要看到学生在面对具有挑战性的学习任务时,本身就会产生积极主动活动的兴趣。例如,要举办辩论活动,所选择的话题要能够与学生的生活体验接轨;语言文字应用实践类活动需要符合学生的心理

特征和趣味需求;整本书阅读活动要与学生的关注点紧密结合;等等。争论类活动、应用类实践、学术性探究应始终能触及学生心灵的生长点,与他们的个性成长和素养培育相匹配,这样才能让学生越挫越勇,而不是半途而废。

除了兴趣点之外,基于教师教学实践经验和学生学习心理特征的困难点的设置,更为重要。学生的语文学习活动以"读写"为主要表现形式,但是所有的学习活动都只是对具体生活的一种模拟。只有将学生投入到具体的生活实践中,才能让语文学习成为真语文。对此,我们需要对学生可能在实践活动中遇到的困难点作出预设,防止学生因难而退,进入"无效失败"的误区。

因此,我们从知识掌握、能力培养、情绪完善三个维度,明确"有效失败"在学生实践活动中的具体表现和学科培养目标,如表1所示。

表1 "有效失败"的具体表现和学科培养目标

| "有效失败"困难维度 | 具体表现 | 学科培养目标 |
| --- | --- | --- |
| 知识掌握 | 对知识理解存在遗漏、偏差、误解等情况,对知识掌握较为零碎化,无法建立较为完整的知识体系。 | 从概念背诵到理解掌握,并且做到知识系统内部的融会贯通。 |
| 能力培养 | 对实践活动缺乏设计、组织、协调、沟通、修补、升级、完善的经验和能力。 | 在小组协作和教师引导的基础上,以深度探究和商量探讨的方式,在学习成果输出的同时,实现能力的跃迁。 |
| 情绪完善 | 在遭遇学习困境时,容易产生迷惘无措、消极拖延、热情消散、互相推诿、自我怀疑等负面情绪。 | 以坚定的学习信念为基础,逐步形成自信、严谨、乐群、勇于挑战、积极应对困难和失败的学习品格。 |

从具体的实践维度来看:在应用类文字写作实践活动中,没有设身处地为对方考虑,导致语体色彩混淆、对象不清、场合不适宜;在书信写作过程中,缺乏相关生活经验,导致格式混乱、称谓不明;在媒体单元实践活动中,教师安排了戏剧节

海报设计宣传的实践活动,但是学生的海报设计只关注画面美感,忽视宣传功能,没有相关戏剧的名称、演职员表、宣传口号、剧情提示等;在辩论活动中,明明已经熟悉文字表达规则,却依旧会在具体实施过程中遗忘或者违反,无法将自己事先准备的内容很好地贯彻在质询反驳之中;在小组探究中,调查报告的选题过宽或者过窄、研究目的不明、研究小组成员之间的意见难以统一、分工之后难以协调、由资料缺失或者认知深度不足等问题导致实践活动进入瓶颈期……

具体语文实践活动经常出现由事先准备不足、临场发挥不好、学术积累不够等情况引发的各种"翻车"的学习活动现场,的确会影响参与活动的学生的情绪,而繁重的学习负担和激烈的竞争压力,都会让学生产生退缩放弃的想法。语文教师此时工作的关键是抓住学生实践活动中暴露出来的问题,做好学生的支撑者,将"实践失败"导向"有效失败"。

### (二) 活动中:"有效失败"的应对策略

任何实践活动都需要一个"主心骨",如果将一切都寄希望于教师的直接指导,那就和课堂的"一对多"模式没有区别了。语文课上分小组活动本身就指向个性化、自主性、实践性的活动目标,是在有限的教学时间和空间中尽可能增加学生实践活动的参与度,给每一个学生提供实践操练的可能,这对教学管理和问题应对提出了更高的要求。

教师需要挑选那些抗挫力较强的学生作为"种子选手",担任组长,以"引领者+智囊团"的探究形式,充分发挥小组成员的个性特点,适时参与指导,应对实践活动中各种可能会出现的失败局面。

对于"有效失败"的应对策略,可以从局部修正、整体规划、情绪激励三个方面展开,如表2所示。

表2 "有效失败"的应对策略

| "有效失败"应对策略 | 具体表现 | 理想结果 |
| --- | --- | --- |
| 局部修正 | 通过实际操作,发现学习过程中忽略的知识点、学科内容或者学习任务理解障碍,进而查漏补缺,夯实基础。 | 对学习要求有更加正确、全面的理解,实现从课本知识到自我认知的转换。 |
| 整体规划 | 以研究、活动的目的为导向,在研究困境中充分听取小组成员和老师的多方面意见,结合自身特点,扬长避短,在新的尝试中重启研究活动并努力突破。 | 对学习内容有更深入的探究,立足前人研究资料,不断追问小组实践学习活动的切入点和目的,回应当下生活,遵循语文学习本身关注社会、关注当下、关注人生的特点,增强学习研究活动的有效性。 |
| 情绪激励 | 能够针对小组成员的活动表现做出即时点评,充分肯定成员前期失败探索中的活动价值,并提出下一步的努力愿景。 | 对学习意义有正向体验和价值认同,在研究实践中获得思考快感,增强学习信心和小组凝聚力。 |

对探索过程的解释和阐述,其实就是对困境的不断复盘;在一个学习项目上的深挖,其实就可以在实践中遇到多个维度的挑战——组长在协调工作的过程中得以成长,提升责任感、自信心;小组成员充分表达意见,形成共识,建立联系,培养情感。良好的小组关系的营造,对彼此理念的理解和认同,有助于小组形成合力,再加上组长的"引领者"和组员的"智囊团"相结合的探究模式,最终实现目标。这就是"和而不同的凝聚力＋有方向的努力＋可操作的策略＝阶段性的成功"的活动实践公式。

### （三）活动后："有效失败"的经验总结

每一次的实践活动,都会有相应的评价。如果有具体的学习成果输出,就可以基于学习成果实现评奖激励。即使最终脱颖而出的最佳结果未必是最完美的，也能作为学生的学习标杆和成果参照，从而有利于学生进行"有效失败"的经验总结。

我们可以从评价和总结两个维度进行"有效失败"的经验总结，如表3所示。

表3 "有效失败"的经验总结

| "有效失败"经验总结 | | 具体表现 | 理想效果 |
| --- | --- | --- | --- |
| 评价 | 他评 | 组外学习者＋教师组成评审团，按照学习要求，检测小组活动成果是否符合要求，并提出评价和修改意见。 | 在班级或年级中形成学科学习的优秀范例，发掘语文学科学习的"引领者"，营造学科学习的良好氛围。 |
| | 自评 | 参照修改意见和优秀范例，对小组学习活动成果和过程进行客观评价。 | 输出学习成果，肯定探究学习的意义，形成组内价值、情感认同。 |
| 总结 | 反思 | 明确小组成员的贡献和价值，反思不足，提出下一阶段的整改目标。 | 寻找适合本小组同学进行语文实践探究活动的个性化努力方向。 |
| | 提炼 | 欣赏、学习优秀范例，并从本组活动、优秀范例以及教师的活动总结中提炼可操作、可迁移的经验和方法论。 | 从自我实践和他人实践中积累应对技巧、实践策略、思维模式等方面的经验，开阔研究思路，增强应对真实问题的信心。 |

能够在评奖激励中脱颖而出，当然可以获得正面反馈，为接下来进一步的学习活动打下基础。但是对于落选的学生，那些曾经在学习成果取得后获得的快乐和成就感，也许很快就会在学习成果评价的过程中被冲淡。与其在这种失败中沮丧低落，不妨抓住经验总结的机会，再一次将这种困难引向"有效失败"。以调查报告的撰写为例，优秀报告的原创性、实践性、针对性以及对资料的有效利用，小组成员之间的配合度，都可以成为其他小组学习的内容。而海报设计大赛的评选，既回应了教材第二单元"戏剧单元"的小组演出实践活动，又回应了第四单元

"信息时代的语文生活"中"善用多媒体"的学习内容,回归到语文的交流功能,也给了学生极高的审美享受。

孔子用"见贤思齐"的观点,表达了应该向更优秀者学习的正向导向。学习者有机会比较和权衡多种解决方案,开阔了视野,启发了思维,也为接下来新的语文实践活动提供了更多的选择和可能。

## 五、在"有效失败"中焕发教育"新"契机

根据上述实践活动和思考,我们发现,"有效失败"真的可以焕发出"新"的教育契机,我们可以从中总结出一条走向创新的具体操作路径,也就是"有效失败"的学习模型,如图1所示。

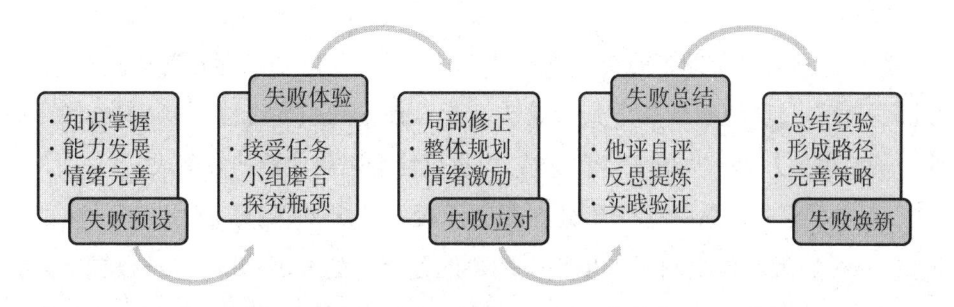

图1 "有效失败"的学习模型

如果不想失败,最好先做预设,只有事先尽可能地穷尽一切可能发生的情况,才能在困难来临时不慌乱。同时,正是在真实的活动中具体问题具体分析,才能以平和的态度进行应对,最终在评价活动中做好总结,实现"焕新"。

其实我们很难区分这个学习模型的主体,虽然教师是学习实践活动的设计者,但是每一个学习参与者也应有自己的失败预设。或许这在实践活动开始之前

会成为学生开展活动的心理阻碍,但却是正常现象。所谓"不愤不启,不悱不发","有效失败"可以让学生明确自身存在的问题,是在教师的提炼提升之前的学习活动体验。

而在学习实践活动推进的过程中,学生和教师也都在共同面对"有效失败"的各种挑战。学生直面学习任务;教师守望、监护学习活动的全过程,既要做好"种子选手"的培训、支持工作,也要随时关注实践活动中遇到困难的每一位学生的探索状态。"有效失败"的目的不是打击学生,而是让学生在遭遇失败时反思自己的知识掌握熟练程度,解决具体情境中的语文问题,同时增强应对失败和困难的自信,创造出属于自己的个性化学习成果,最终走向"有效成功"。

## 六、结语

昆士兰科技大学的朱迪斯·洛克(Judith Locke)在《适度养育》一书中曾提到"过度养育",过度地信任孩子其实是放弃了对孩子的引导,过度的呵护虽然可确保孩子们得到万无一失的安全和支持,但也可能会阻碍他们的健康成长。

在语文教学实践中,让学生处在孤立无援的情况下,同样无法实现学生的成长;包办式的教育也限制了学生自主解决问题能力的发展,并可能导致在将来无法应对挫折和失败带来的情绪冲击。当今社会竞争激烈,人们常常害怕陷入失败的困境。如何让"有效失败"为我们所用,让学生不畏惧失败,在失败中学习和创新,热爱学习探究,这不仅仅是语文学科要面对的问题,更是所有的教育工作者需要认真思考的命题。

**参考文献**

[1] 曹鹭.有效失败与知识迁移:理论、机制与原则[J].开放教育研究,2021(3):4-14.

[2] 刘徽,杨佳欣,徐玲玲,等.什么样的失败才是成功之母?——有效失败视角下的STEM教学设计研究[J].华东师范大学学报(教育科学版),2020(6):43-69.

(本文作者:李郦　复旦大学附属中学语文教师　教龄18年)

## 12. "失败"的种子，开出别样的花

小学科学是一门体现科学本质的综合性基础课程，旨在引导学生保持对自然现象的好奇心，形成初步的科学素养。在日常教学中，我们提倡做"下水实验"，尽量排除无关因素，避免学生实验失败，从而影响学生科学思维、探究实践能力的发展。有些用心的教师更是花大量的精力去创新地制作教具，尽量降低学生的实验操作难度，规避实验失败，放大实验现象，让学生能更多地体验成功，在感知科学的实验现象中去理解科学观念、发展科学思维。

我也是一直把此奉为圭臬，兢兢业业地做好课前准备，尽量扫除探究失败的因素，确保课堂探究有效性。然而，今年一次失败的种子发芽实验，却让我转变了观念，发现正向教育之外，"有价值的失败"更是创新的沃土。

## 一、缘起——种子发芽实验失败了

2022年底,因为疫情,漫长的寒假开启了。基于"停课不停学"的思想,也为促进学生掌握观察、实验、测量、推理、解释等基本的科学方法,形成科学探究的意识,充分利用时间,我给班里的孩子们布置了一个新学期的长周期实践实验——绿豆种子的发芽,放手让孩子们利用家里有限的资源自主设计和开展种子发芽对比实验,并完成实验报告。

不久,认真的小方同学给我发来了微信,是一张绿豆种子发芽的照片和两句话:

"老师,密封罐里的绿豆发芽了,还长得最长……"
"啥情况,试过罐子,倒过来水倒不出来,密封好的。"

我心里咯噔一下,坏了。该实验探究的是种子发芽的条件,而小方同学研究的恰恰是日常最难探究的因素——空气的有无。空气是种子发芽的必需条件,但是实际操作过程中很难达到真空的条件。然而,在小方同学的理解中,往往认为密封就表示没有空气,所以她预设在"没有空气"的密封罐里种子应该是不会发芽的,可是如今却发芽了,长势还最好,这与她的前认知发生了冲突。我有点担心,不知道这次实验会不会对孩子造成影响,会不会让她形成"种子发芽不需要空气"的错误观念。但是我一时半会儿也无法和孩子进行深入沟通,只能等开学进行挽救了。我轻叹一口气,只简单回了一下:

"原本杯子中的氧气够了。"

过了许久,孩子回了我一句:

"噢,那应该要用密封塑料袋做实验吧。"

## 二、纠结——失败实验要不要继续做

在新学期备课时,鉴于小学实验室无法达到绝对真空的实验条件,结合课标要求以及可操作性,我选择把"空气"因素作为"口头实验",引导学生提出假设设计变量,从而规避实验失误。同时准备"阳光""水分""土壤"因素相关实验材料,让小组自主选择一个因素进行实验设计,并完成实验探究。

上课时,在小组选择探究因素时,大多数同学如我预设般选择了研究常规的"水分""土壤""阳光"等条件,而小方同学一组选择了"空气",并向我讨要密封袋。我愣住了。刹那间,无数个问号在我脑海里飘荡:这孩子怎么了,摔一跤还不够,还想继续摔?要拒绝吗?怎么拒绝?如果实验失败,会破坏小方对自然现象探究的好奇心吗?会阻碍她质疑创新的发展吗?会影响她正确科学观念的形成吗?在班级里汇报失败的实验时,我又该怎么扭转局面?会导致全班同学对于"空气"因素对种子发芽影响的认知混淆吗?失败的实验会产生正向的教学效果吗?失败实验的得与失如何权衡?

一时之间,我摇摆不定。科学教育应该以学生为本,因材施教,激发学生的好奇心、想象力和探究欲。作为一个合格的科学启蒙老师,我不能这么随意地否定学生的选择。没有很多时间让我考虑,我选择听从本心,尊重小方的自然发展,特意又去材料室里翻找出密封袋给他们。在小方的指点下,小组成员进行了人工

"真空"处理,小心翼翼地挤出密封袋中的空气,仔细粘上自封条。

### 三、发展——失败实验有了新收获

由于天气寒冷,等了足足三天,各个因素的种植实验终于有了进展,有种子开始发芽了。果不其然,敞口的种子、密封的种子都有破种皮的共性。继续等待,五天后,敞口的对照组种子抽出的"芽"(胚根)约有 2cm 长,部分种子的种皮已经脱落。而密封袋里的种子,却还仅仅有些破口,冒出了一点点胚根,未继续生长。这与对照组的差异还是较为明显的,而且与小方第一次实验结果的区别更大。

虽然实验明显是失败了,但是失败中又有着研讨的空间。从培育核心素养角度出发,这是很好的教学素材,尤其有利于科学思维的形成。经过四年的科学学习,五年级学生基本能建立事实与观点之间的联系,初步掌握了重组思维、发散思维、突破定势等创造性思维的基本方法,能突破生活中常见问题的思维定式,提出有一定新颖性和合理性的观点。接下来我们要培养的是学生建立证据与假设之间的联系,分析科学实验中的变量控制,运用几种创造性思维的基本方法,初步进行创意设计,用图像、文字或者实物表达自己的创意。

于是,我对研讨环节进行了设计,精心围绕"种子发芽的必需条件是什么?"(指向科学观念)"空气为什么是必需(非必需)条件? 你的证据是什么?"(指向科学思维)"你可以改进实验吗?"(指向探究实践)三层递进问题展开。

上课了,孩子们对自己小组的实验结果进行了分享,非常顺利地得出了实验结论——水、温度是种子发芽的必需条件,阳光不是种子发芽的必需条件。轮到小方小组时,我们进行了如下探讨。

小方:我们组研究的因素是空气。对照组有 3 颗种子发芽了,实验组没有发芽。说明种子发芽需要空气。

师：你们的证据是什么？

小方：虽然种子的种皮已经破了，露出了一点点白点。但是它们与空气组的发芽程度不一样，空气组的种子芽已经很长了。

师（投屏展示）：这和没有水的实验组种子一样吗？

生：不一样。没有水的实验组种子是没有变化的，还是干的。

师：那你们有新的疑问吗？

生1：种子已经破皮了，是不是时间不够，种子其实会继续发芽？

生2：种子发芽是不是不需要空气？

生3：我觉得应该是他们组没有把空气排干净，袋子里还有空气。

……

师：小方，你们组认为呢？

小方：我认为种子发芽需要空气，因为这两组实验除了空气不同外，其他条件都相同，明显没有空气一组种子的发芽效果不如有空气一组的，只有一点点破皮。那为什么会破皮呢？我觉得就是刚刚同学说的，应该是我们没有把空气完全排干净，还有少量空气存在，仅够种子长出一点点芽，接下来由于空气不足，种子停止发芽。

师：大家对她的说法有什么疑问或补充？

生：同意小方的观点，种子发芽需要空气。

师：（出示小方寒假失败的种植盒）其实小方在寒假里已经对种子发芽是否需要空气进行了探究，密封在盒子里的种子发芽了，这是为什么呢？

生1：盒子里原来就有空气，不是空的。

生2：小方的实验方法不对，她没有把盒子里的空气抽出，应该要完全没有空气。

生3：盒子里的空气已经够种子发芽了。

师：看来小方吸收了那一次实验失败的经历，做了改进，实验结果也有了改变，但是好像还是算失败的，是吗？那我们该如何研究空气这一因素呢？

生1：把塑料袋再压紧一点，用抽真空包装袋的机器把密封袋抽成真空。

生2：把土壤压实，排除剩余空气。

生3：想办法把水中的空气排出，保持没有空气。

……

虽然实验"失败"了，但在整个研讨过程中，其他学生也没有被失败的实验带偏，反而通过有理有据的研讨，促进了深度学习。学生们不仅对"种子发芽需要充足的空气"有了更深的认识，也充分认识到实验设计的严谨性，明白了需要从事物的结构、功能、变化及相互关系等角度提出可探究的科学问题和研究假设，制订比较完整的探究计划，设计控制变量的实验方案。学生们的探究实践素养得到了进一步提升，同时科学思维和态度责任也有了发展，或许也如小方一样，在心底种下了一颗继续探索的科学种子。

## 四、反思——教学中失败实验的价值

新课标指出，探究和实践是科学学习的主要方式。学生经历了提出问题、作出假设、制订计划、搜集证据、处理信息、得出结论、表达交流和反思评价等过程，实现了有效探究和实践。并不是只有成功的实验才是有效的，利用好失败实验，深入挖掘，充分展示其价值，亦是有效的探究和实践。

**价值一：失败实验是形成学生科学思维的源头。**

教育家陶行知说过："发明千千万，起点是一问。"问是思维的开始，质疑创新更是科学思维之一。质疑,即为提出疑问;创新,即为抛开旧的,创造发明新的器材或方法。质疑是创新的钥匙,而失败往往是质疑的源头。在失败中找问题、解决问题的过程中,一次次的失败实验,就是一次次重组思维、突破思维定式的过程。在一个个有一定新颖性和合理性的观点被提出—推翻—调整的螺旋式前进过程中就滋生了科学思维。

案例中,小方正是由于第一次实验失败的经历,激发了"创新"的欲望,抛弃旧的实验装置——"种植盒",创造新的实验装置——"密封袋"。这虽然是很简单的一步,但其实是突破了她自己的思维定式,再次发散思维,重新建构了关于空气的思维模型,同时隐含着其对科学探究的执着精神。一次失败并没有让她放弃,反而萌发了进一步探究的兴趣,熬过长长的两个月还保留了自己的科学问号,并执着地生根发芽。第二次的失败,使她对种子发芽的条件有了更完善的认识,萌生了创新意识,在递进的证据中进行推理论证,将科学思维推向更深层次。

**价值二:失败实验是发展学生探究实践素养的生长点。**

失败乃成功之母。实验的价值不只是在于"大获成功",并水到渠成地得出相应的科学观念,有时候失败的实验反而会迸发出更大的价值。教师抓住机会利用好失败,让失败朝着有利方向发酵,并最大限度地提升失败的价值,使得失败的实验成为学生动手探究的动力,成为其探究实践素养发展的生长点。

新课标对不同年段的学生提出了不同的探究实践目标。低段学生要能在教师指导下,具有初步的提出问题和制订计划的意识。中段学生要在科学探究过程中,逐步由教师指导转为教师引导。高段学生则要能自主设计简单的对比实验计划。

而此时的五年级学生还习惯于教师的引导,盲信权威,往往停留在浅层模仿上,不善于进行思维加工。要立必先破,在种子发芽实验失败后,我借机引导学生思考"怎么样才算种子发芽了""装置中是否真的没有空气了""种子发芽需要空气吗""如何改进实验装置"等系列问题,引导学生主动思考,重新建构相关科学概念,然后关联已知的知识,从事物的结构、功能、变化及相互关系等角度,提出可探究的科学问题和研究假设,制订更为合理的探究计划,发展学生的探究实践素养。

**价值三:失败实验是淬炼学生科学态度的催化剂。**

正如爱因斯坦所说,探索真理比占有真理更为可贵。对"失败实验的再探究"是一个重新进行自我肯定的过程,是一个充满创造性思维的过程,让人有更大的动力去学习新的技能、发挥潜能,在失败面前保持冷静淡然的心态,从而有效分析和利用失败。这便是良好的科学态度所在,即保持好奇心和探究热情,乐于探究和实践,严谨求实,不迷信权威,敢于大胆质疑,追求创新。

孩子们在经历失败的实验后,不放弃,继续保持好奇心和探究热情,能基于证据和逻辑去学习、变化、适应、成长。在失败中端正科学态度,坚持不懈,持之以恒,重新审视原有的思维方式,拓宽甚至转变思路,迸发出创新思维的智慧,寻找新的解决方案,进而形成成长型思维。

原来,利用好"失败的实验",不仅可以达成既定教学目标,更能较为全面地发展学生科学素养,促进科学思维的形成,发展探究实践能力,形成科学态度,获得高阶思维,开出别样的花!原本我一直奉为圭臬的"成功"教育,其实是有所偏颇的。有时为了避免学生操作失误,不惜花大功夫去改进实验器材,让实验操作简单化,甚至是"傻瓜化"。这样的操作,从一定程度上来说,使"创新"意识的发展从学生主体转向了教师。教师在一次次试教中发现教具的"失败",创新性地研发了"创新教具",规避了学生的失败。而恰是这里的"规避",很大程度地限制了学生的"动手动脑"过程,滞缓了学生探究实践能力的发展。学生坐享其成,虽然教师顺顺当当完成了教学任务,但是给学生留下的思考是极少的,这样教育的效果其实是微乎其微的。

### 五、创新——教学中创设有效失败实验

随着学生学段的升高,教师要做到逐步放手。在科学实验教学中,必要的时候,对"司空见惯"或是"完美无缺"的实验创设有价值的"失败",是教育的另一种手段。在这些实验下水之际,我开始考虑设置一些有效的"失败环节",容许一些有价值的失败实验的存在,或是构建一个真实复杂的劣构问题,存在多种解决方案,让学生不断去尝试新方法,使得学生信息的获得从原先的单向传递转为双向、多向的沟通,充分激活自主学习的能动性,体验"在失败中创新,在创新中成功"的过程,进而提高课堂参与度,拓展思维的广度和深度。

我们可以在中高段通过以下几条策略,创设"有效失败"的情境。

**策略一:课前试错,精简指导,激活探索欲望。**

中高段学生需要具有初步的构思、设计、实施和检验的探究实践能力。教师在下水实验时,结合实验的目标改进实验,让失败与成功共存,引导学生在实验过程中,经历构思、设计、实施、检验、再构思的过程,在辨析成功与失败中获得更多的信息,推动思维往更深处发展,激发其质疑能力和创新思维。在"有效失败"的前提下,教师可以精简前期实验指导环节,留出时间让孩子自己设计实验,允许失败的产生,引导学生进行对比思考,发现自己操作、理解中存在的问题及他人的不足,保护好学生的好奇心和求知欲,激活其探索欲,使其勇于尝试新事物,敢于创新。

**策略二:预设学情,丰富材料,允许成败共存。**

在准备实验材料时,要充分预设学生生成,针对部分学习内容实施实验材料多样化。在条件允许的范围内,尽可能地满足学生的实验材料需求。在开展实验指导时,教师要鼓励学生进行发散求异思维,引导他们发现问题、提出问题,创造

性地设计实验,开展实验研究,减少唯一、标准的实验设计,淡化程序式教学。如案例中的"绿豆发芽实验",允许学生能根据自己的实验设计开展实验,有机会成功,也有机会失败,在成功中总结,在失败中寻找原因,从而改进实验,培养学生敢于坚持自己的观点,突破思维定式的约束,推陈出新,不落俗套。

**策略三:借鉴项目,循序改进,追求逐步完善。**

将项目化学习楔入小学科学教学。项目化学习是用来解决一个实际问题的探究方式,往往有着以下流程:明确问题→设计方案→实施计划→测试改进→展示评价。其中测试改进,就是一个不断试错的环节,在反复的失败中,调节方案,直至成功为止。通过对项目的修正总结,注重对学生实践能力和创新能力的培养,让学生了解项目研究的意义,引导他们解决更多的实际问题,并在解决问题的过程中发现相关的科学难题,从而形成一个良性的循环过程。

遵循失败的规律,容许失败。教师要如"导航"一样,允许学生"走错路",顺势引导,开辟一条新的途径,沿途收获不一样的风景,让失败的经历成为学生心中的种子,开出"创新"的花朵,从而提高学生的科学素质,培育具备科学家潜质、愿意潜心科学研究事业的青少年群体。

(本文作者:陈君芬　浙江省舟山市普陀区城北小学科学教师　教龄12年)

第四章

# 边界打破：深层创新的意外选择

教师也可以通过帮助学生进行跨领域和跨学科的思考来激发他们的创造力。传统的课堂环境往往是不同的课程在不同的教室展开,因此,会在学生心目中造成一种各种学习内容是不连续的假象,例如数学课堂、社会研究课堂、自然科学课堂都是互不相关的。然而创造性的想法和见解往往是在综合各个领域的知识的基础上产生的,而不仅仅是单纯的机械记忆或者是背诵知识。

当学生犯错的时候,教师所应该做的是让他们分析和讨论产生这些错误的原因。很多时候,一些错误的或者不完善的答案里往往蕴含着正确答案的种子。

(Ronald A. Beghetto, James C. Kaufman:《培养学生的创造力》.陈菲,周晔晗,李娴,译.上海:华东师范大学出版社,2013:378—379.)

# 13. 打破边界的惊喜

——从"她的历史"主题策展活动谈起

历史学家罗新在《有所不为的反叛者》一书中谈到历史学家应该具备三大美德:"批判、怀疑和想象力",这些美德与创新素养相互关联。创新素养的培育需要为学生创设一个开放的、可以不断探究的、充满支持的学习空间,倡导自我反思和同伴合作,鼓励教师跨学科合作教学,让学生敢于在真实问题中试错,并愿意调用所学去探索未知的图景。在这样的育人理念下,中国历史课程以主题式、探究式的活动形式为主,开展形式多样的学科及跨学科活动,尝试从"做中学"转变为"创中学"。基于"创"的元素,由一个师生共同生成的"劣构问题",将整个主题的产生、团队搭建、内容设计与延展等过程串联起来,再现了传统边界与深层边界之间的一次突破,让学生的创新在浸润了挫折与难题的未知旅途中悄然发生。

## 一、缘起：为学生搭建"创新"的可能性

创新本身是一个充满荆棘的过程，是尝试与失败后的突破和改进，是历经磨难后的蜕变。我们清楚地意识到好奇心是通往创新之路的钥匙，驱使人们想要一探究竟，而创新就潜藏在人们不断探究的过程中。创新素养主要包括创新意识、创新思维、创新能力、创新实践等方面，学生在每一方面的表现都影响着他们创新活动的整体水平。从已有的实践经验出发，教师对学生具体的某一方面的素养培育都有对应之策，如在真实情境中通过劣构问题激发学生的创新能力等，使学生的"创新细胞"得到不断刺激与生长，生发创新的可能。但这样的素养培育是切片式的，达不到真正的创新，也很难经受复杂世界中真实问题的敲打。换言之，学生创新素养的整个发生过程仍是一个急需被打开的"黑箱子"。学科的综合实践活动，以整体视角将学生的创新意识、思维、能力及实践等方面整合起来，综合培育学生的创新素养，或许是一个值得尝试的新路径。

"她的历史"主题策展活动是学校国际部历史课程隋唐历史专题之下的一次综合实践活动。展览源于中国历史课上关于唐朝女性的介绍，教师将其扩展为历史中的女性，以"Herstory：一场跨越时空的对话"为题，引导学生跨越时空，关注当下，旨在重新发现历史中的女性。

历经三次迭代（表1）后，教师与学生共同创造、完成了此次主题策展活动。展览的组织、内容、形式、环节、人员、场地等方面遇到了很多困难，如学生对研究主题的不理解，学生对展览内容的一次次生成、修改、调整直至确定，以及师生对展览最终效果的不确定等。漫长的不仅是活动本身，还有对学生和教师的考验：学生是否能够充分调动各方面知识、发挥综合能力与积极品格以让展览顺利"落地"？在整个过程中，教师是否能及时捕捉学生的"失败"，以退一步、推一把、一起

走等方式培育学生不断探究的创新意识、创新思维与创新能力?

表1　2次试验与第3次迭代的差异分析

| | 发生契机 | 探究主题的边界 | 学生探究能力的培育载体 | 学生探究能力的表现水平等 |
|---|---|---|---|---|
| 第1次改进 | 从教师反思到初步教学尝试 | 专题探究局限于唐朝女性 | 历史人物海报 | 思维同质化、结构化明显,评价流于表面,属于"知识的搬运工" |
| 第2次改进 | 从学生失败到继续改进 | 任意选择中西方历史中的女性进行探究 | 海报、人物手册、演讲、历史剧演出等多种形式 | 自主探究的深度不够,信息拼凑,没有基于史料实证形成创造性的见解,属于"知识的传递者" |
| 第3次探索 | 改进的契机(俯身倾听学生的声音) | 打破边界:时空的边界、学科的边界、空间的边界、成员的边界 | 创设各种丰富载体,让学生从历史人物的人生中获得灵感 | 从"做中学"到"创中学";洞察未来,从而解决当下问题,成为具有综合主题探究能力的学习者 |

## 二、生成:在"失败"中打破边界

英国历史学家卡尔在他的著作《历史是什么?》中对历史有一个很经典的定义:历史是过去与现在之间永无休止的对话。我们不仅要从过去看过去,还要从过去看现在,从过去看未来。"历史、现实、未来是相通的",历史是现实与未来的背影,而其价值却永远面对着现实与未来。

因而,如何将历史与现实相联通?如何培养学生的历史兴趣,涵养学生的历史思维,使其具有开阔的视野与深厚的人文精神,具备分析和解决实际问题的胆识与能力?这是我们在外籍人员子女学校实施中国历史课程过程中始终思考的问题。

## （一）教师"退一步"：在对话中捕捉教学新契机，主题活动二次迭代

学习历史时经常会发现一个重要的现象，即在历史的许多关键时刻，女性扮演了至关重要的角色，作出了卓越的贡献。然而，这些女性在历史书中却很少被提及，甚至被忽略。因此，在讲述唐朝历史的过程中，我们设计了"她的时代"历史专题，重点讲述以武则天为中心的唐朝女性以及她们对于历史的影响。这一专题原本只聚焦于唐朝的女性，最初的作业形式为完成一张女性人物海报，希望学生能通过这个小切口对历史中的女性人物有更深的了解和思考。

然而，学生的参与度和兴趣度都不高，且上交作业的同质化倾向明显，武则天、王昭君成为高频人物，在历史人物评价上更是从网络上照搬照抄，囿于表面，缺少自己深度的理解与思考。

1. 退一步：学生对作业任务的期待逐渐清晰可见

针对上述问题，我们组织了几次小型座谈会，主要的目的是听取学生对这一任务的看法与评价。我们明确告知学生，老师主要是收集学生的反馈，希望跟他们一起共同改进作业的形式、内容和要求。

学生的意见让我们感触颇多。

"这个作业没意思。"
"从某度找找资料就能完成的事儿。"
"为什么只能选中国女性呢，世界上其他国家的女性同样也很重要呀？"
"老师，能不能演一出关于历史女性的戏？"
"我不喜欢制作海报，我喜欢口头作业。"
……

根据学生们的想法,我们及时将专题作业调整为"历史中的女性"探究活动,让学生的视角从唐朝女性转向世界女性,任意选择中西方历史中的女性进行自主探究。作业形式也更加多样化,学生可以选择制作海报、人物手册,演讲,历史剧演出等。

由于探究内容的扩展和作业形式的多样化,学生的参与度和兴趣度都有所提升,但依然存在自主探究深度不够的问题。学生只是将相关历史人物的信息拼凑起来,没有形成基于史料实证的创造性见解,且选择演讲和历史剧演出的学生很少,这也使得自主探究过程中"表达与交流""沟通与协作"的目标没有得到很好的实现。

如何才能真正激发学生自主探究的热情?如何将历史学科实践转化升华为具有思维参与的深度实践?如何实现历史学科的创新教育,将创新素养与历史学科核心素养相结合,特别是培养基于史料的探究精神?

在与学生的几次闲聊中,我们听到了更多来自学生的声音:

"我选择'李清照'制作海报,是因为李清照有过人的天赋与才华,这很令人羡慕。她之后坎坷的经历更为她的创作注入了灵魂,我希望从她的人生中获得灵感。"

"老师,在上科学课时,我们学习了女科学家罗莎林德·富兰克林的故事,尽管她对于DNA的发现至关重要,但是她的故事却并没有广为人知。"

……

"从历史人物的人生中获得灵感",J老师的脑海中突然闪现了四个字"打破边界"——打破学科的边界,让学生可以探究不同领域的女性;打破时空的边界,让历史照见未来,开启一场跨越时空的对话。于是,我们将活动任务再次调整为

"Herstory:她的历史"主题策展活动,其核心任务是以"重新发现历史中的伟大女性"为主题,打破已有的认知,充分挖掘史料,探究她们的人生与贡献,并探讨她们对历史与当今社会的意义和价值,最后以展览的方式呈现。

教师"退一步",听见学生的思考与想法,将最初的女性人物海报制作迭代为"历史中的女性"探究活动,扩展了活动的广度,明显提高了学生的参与度与兴趣;"再退一步",将其迭代为"她的历史"主题策展活动,延伸了活动的深度,逐步提升了学生的历史探究能力。

2. 再退一步:未经预设的"劣构问题"自然生成

"她的历史"主题策展活动的核心是"重新发现历史中的伟大女性"。打破时空与学科的边界是由师生共同实现的,但如何"重新发现"却是一个没有限定性条件的劣构问题,需要学生进行自主探究。

美国知名教学设计专家 D. H. 乔纳森把问题分为"良构问题"和"劣构问题"两大类型。"劣构问题"通常具有多种解决方法、解决途径和少量确定性的条件。由于学生要讨论的"劣构问题"始终对应着真实情境中的问题解决,在动机投入和价值感上与以往的泛泛讨论是不同的,因此参与热情更高,交流讨论活动更持久。相比于"良构问题","劣构问题"更能激发学生的探讨兴趣,勾起学生的好奇心,有针对性地进行持续深入的讨论。

在理清这一主题探究活动的核心之后,"谁去了解她们""了解谁的历史""如何了解她的历史""为什么要挖掘她"等一系列问题自然而然地浮出水面:

① 女性主题是有性别倾向的,适合男生研究吗?
② 古今中外历史中的伟大女性很多,我们要怎样选择呢?
③ 那些广为人知的历史女性还需要"再现"吗?

这些问题极大地激发了学生持续探究的好奇心，在这个过程中，创新意识悄然萌发。而这些疑问又以"劣构问题"的形式为学生带来了体验"有效失败"的机会，它们在不同程度上使学生感到挫败，干扰学生的探究进展。怎样充分利用这一"劣构问题"激发学生深入探究是我们要思考的。

**(二) 教师"推一把"：提供干预与支架，创新思维与能力有生长空间**

1. 推一把：发现问题及时支持，丰富策展活动的内涵

"她的历史"主题策展活动确定后，学生们首先进行的就是策展团队的招募。招募信息一经发出，便得到了学生会的支持，并且陆续收到了来自不同年级学生的反馈，大家都对"重新发现历史中的伟大女性"这一主题很感兴趣，同时也对策展的形式充满期待。然而，当确定策展团队成员名单的时候，一个尴尬的问题来了，报名参加策展活动的都是女学生，没有男学生。

当开始反思"男学生是否受主题关键字影响而导致参与性不高"时，我们也听到了两种典型的声音："我是男生，对女性研究没有兴趣"，"我对这个探究主题有兴趣，但我作为男生加入其中是不是不太适合"。

在这样的两难局势下，教师决定"推一把"，组织策展团队会议，同时请来语文、心理、社会等不同学科教师参与，帮助学生寻找原因与解决办法。在讨论碰撞中，一位参与策展的学生提出了这样的想法：

> 策展主题"重新发现历史中的伟大女性"，本质是"一场跨越时空的对话"，因而我们可以着眼于当下，以学生最感兴趣的性别差异问题为切入口，进行采访调查和童年礼物征集。

另一位学生在向校学习中心主任寻求建议时，也获得了这样的灵感：

既然是策展，我们就应该充分利用学校图书馆的平台与资源，部分同学可以把图书馆内有关女性的书籍进行分类整理，布置一个书籍展览专区。

这两个想法得到了大家的支持，于是分工协作，将策展活动以学生感兴趣的方式呈现，如拍摄视频，将学生收到的礼物制作成装置艺术，在图书馆设立女性书籍专区，制作"她的历史"主题策展活动宣传海报以扩大影响等。出乎意料，在征询活动意见的采访中，很多男同学表达了对这一主题的支持，在征集童年礼物的过程中也收到很多男同学提供的童年礼物。我们惊讶地发现，尽管有些礼物带有明显的性别色彩，但是大部分的礼物其实并没有表现出明显的性别差异。随着了解的深入，我们也招募到了好几位男学生加入策展团队，第一个挫败"化险为夷"（图1）。

图1 （从左到右）童年礼物征集箱、访谈视频片段、策展团队成员

2. 再推一把：对关键困境有效干预，推动深层思辨能力提升

组建团队后，接下来的任务就是选取历史中的女性，查找相关的史料，完成历史人物的介绍与评价，并将图书馆中所藏的书籍进行整理与分类，与历史中的女性介绍相结合。但是，"中外历史中有那么多的女性，选取哪些女性作为展览的主体进行呈现呢？"对此，策展团队成员展开了激烈的讨论。学生在此环节的"受挫"

表现为:讨论时间过久且迟迟未能决定到底要选哪些女性人物,部分团队成员产生了想要放弃的念头,想继续坚持的成员也开始感到束手无措,不知该如何突破。

面对这些情况,教师决定适当介入并提供支架,给策展组成员进行任务分配,让每一位学生选择2—3个人物并明确人物选择标准,即人物需要来自不同领域;需要覆盖古今、中西;同时,引导学生挖掘那些在历史中作出贡献却没有被关注的女性。这些引导及时启发了学生,给探究注入了新的动力,大家都通过各种方式积极地去寻找与发现历史中的女性。

策展团队在整理历史人物名单时,发现中国女性的数量不多,特别是中国古代的女性。当我们向学生问及原因时,有学生说:

> 中国古代有一些很著名的女性,如武则天、上官婉儿、李清照、吕后等,但她们并不符合重新发现的主题。

于是J老师顺着她的思路,告诉她:"对这些著名女性的深入探究就是一种重新发现,除此之外,中国古代还有很多杰出女性,特别是常被我们忽视的科学领域。"在这样的提示下,学生开始重新寻找,史学家班昭、医学家谈允贤、科学家王贞仪进入学生的视野。其中一位学生在读完科学家王贞仪的故事后深受触动,她说:

> 原来中国历史上还有这样一位女科学、数学家、天文学家,尽管她的生命很短暂,但她对科学的热爱与坚持,特立独行、敢于突破的胆识令我钦佩。

此外,在挖掘史学家班昭的故事时,学生对是否要介绍这一人物提出了不同意见。一位学生认为,"班昭在《女诫》中宣扬的'三从四德'极大地禁锢了女性的思想与自由"。也有同学就此提出了不同的看法,他认为,"班昭的思想受到她所生活时代的影响,作为第一位女性历史学家,她开创了先河,也为后世树立了典范,所以功大于过"。经过这样的讨论与斟酌,学生们认为班昭这一人物符合本次策展"重新发现"这一主题,应当被大家再认识。

在持续的寻找与发现中,学生们完成了班昭、谈允贤、王贞仪、宋庆龄、张爱玲、屠呦呦等十几位中国女性的介绍,为了突出她们的贡献,在展览中还专门设置了中国历史中的女性展区,将中国古代女性与现代女性相对应,展现了女性在中国历史中的传承与风采(图2、图3)。

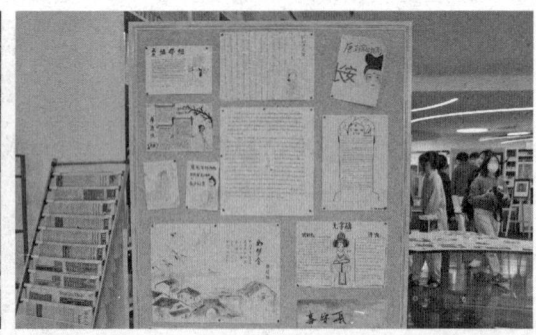

图2 中国历史中的女性展区部分展示

图3 不同领域女性书籍

思维是探究的前提,探究是创新的基础,创新思维需要在问题探究中逐步升华。在基于史料的思辨过程中,学生勇于表达自己的见解,提出质疑,从而逐步生成否定型创新思维。教师适当地"推一把",不仅帮助学生逐一解决了"退一步"生成的劣构问题,而且有助于学生思辨能力的提升。学生不仅了解了历史中的女性,加深了对她们的理解,摒弃了对历史人物的刻板印象,而且能把自己置于时代背景之下,感同身受地理解历史人物。

**(三) 师生"一起走":创中学,在开放与互动的空间里让学习真正发生**

在历史学习中,学生应该是积极的参与者,而不是被动的学习者。历史老师不是仅教学生"历史",而是应该去教学生"研究历史"。我们应该拓展课堂的范围,建立一个更加开放且不断互动的学习空间,创造机会让学生探讨历史,引导学生基于史料阅读、比较分析,形成自己的历史观点,逐步建立属于自己的批判性思维框架,养成历史学家式的思维习惯。以往的历史课堂也会运用不同的活动形式(如历史剧演出、辩论赛等),但都局限于某一年级或某种活动形式,没有能够真正地打破年级、学科壁垒,采用综合的方式呈现,让学习真正发生。

通过让学生策展的方式,中外师生通力协作,将历史学习与现实思考相结合,采用跨学科的研究视角,完成一场以历史学科为主,集"人物海报""实物展示""图书检索分类与推荐""专题演讲""角色扮演"和"主题论坛"三个层次六种形式的综合性主题活动(图4)。这是一种新的尝试与探索,极大地丰富与拓展了学科活动的形式(图5、图6)。虽然当时我们不能确定它一定会成功,但值得一试。

从前期的准备到人物选取、资料整理再到展览的陈列与布置,一切都在有序进行着。然而,在主题演讲开始前,有几位同学却突然想放弃,他们以准备不充分、时间不够为由不想参加演讲,而原先做好的PPT又出现了问题,无法正常打开……这个时候教师能做的就是站在学生身边,共同经历,提供支持,给予学生一

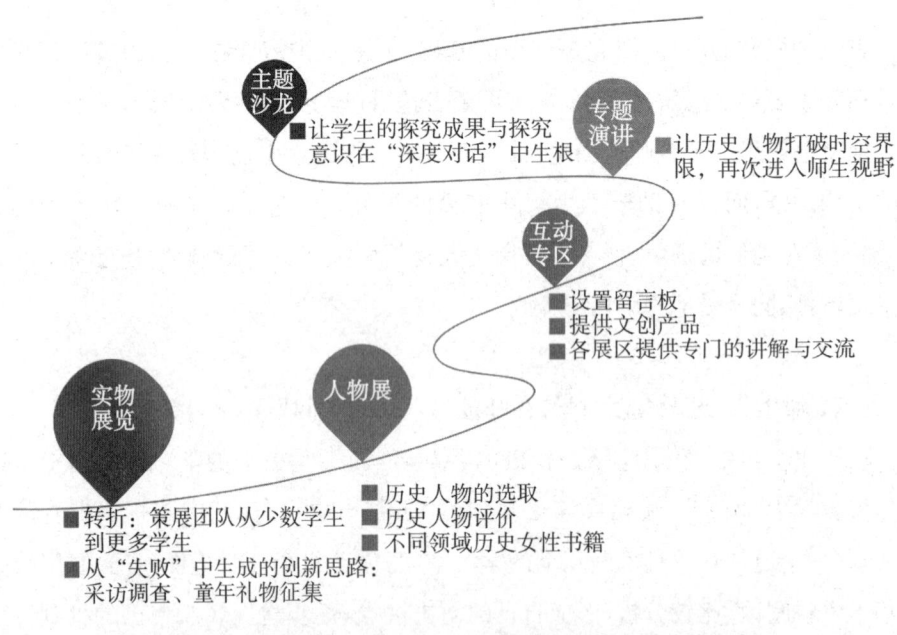

**主题沙龙** ■ 让学生的探究成果与探究意识在"深度对话"中生根

**专题演讲** ■ 让历史人物打破时空界限,再次进入师生视野

**互动专区**
■ 设置留言板
■ 提供文创产品
■ 各展区提供专门的讲解与交流

**人物展**
■ 历史人物的选取
■ 历史人物评价
■ 不同领域历史女性书籍

**实物展览**
■ 转折:策展团队从少数学生到更多学生
■ 从"失败"中生成的创新思路:采访调查、童年礼物征集

图 4 "Herstory:一场跨越时空的对话"主题策展活动的生成

图 5 专题演讲、主题沙龙等

图6　师生观展片段

个完整的、真实的、充满支持的"创"历程。正如J老师在反思中谈道的："作为指导老师，尽管我心中也有一丝慌乱，但是现在我所能做的就是鼓励每位学生，与大家一起走上舞台，真正成为他们之中的一员。"

每位学生都有创新的潜能，但创新是需要经历痛苦与磨难的。学生可能会在不同的环节退缩，无法被预设的东西总是让人望而却步。对此，教师可与学生一起走，与学生的"思维困境"共振，虽然可能会失败，但了不起的是过程中的共同挣扎与坚持。通过创新实践将创新意识转化为创新思维，提升了学生的创新能力，给予了学生一个完整的、真实的、充满支持的"创"历程，师生的合作共生由此形成（图7）。

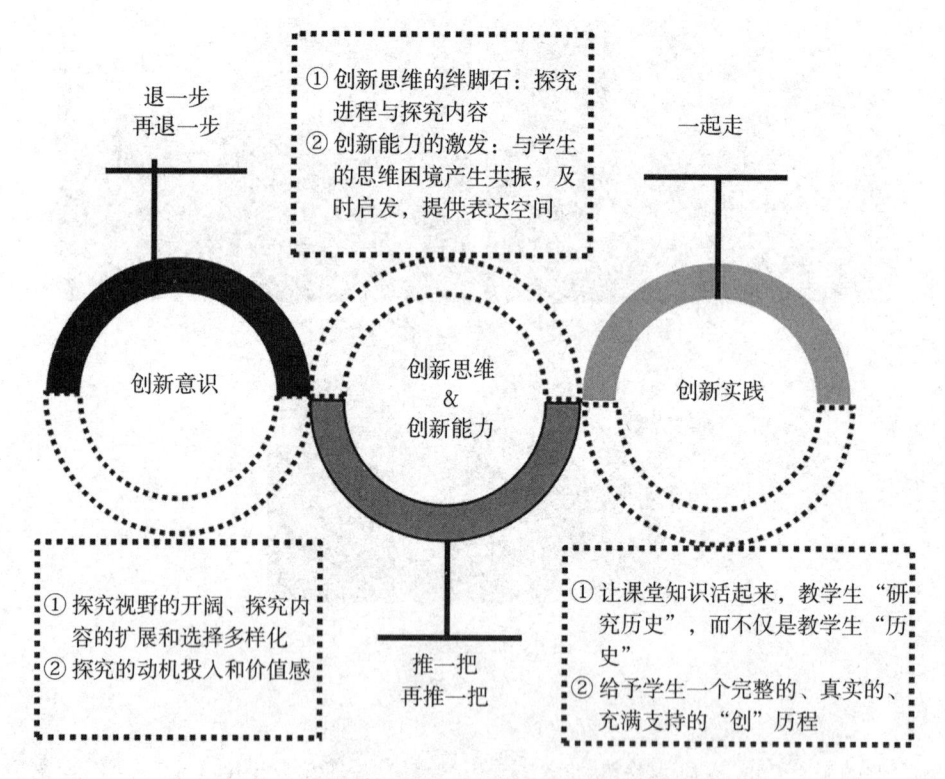

```
                                    ① 创新思维的绊脚石：探究
                                      进程与探究内容
         退一步                      ② 创新能力的激发：与学生           一起走
         再退一步                      的思维困境产生共振，及
                                      时启发，提供表达空间


              创新意识          创新思维          创新实践
                               &
                              创新能力


    ① 探究视野的开阔、探究内                      ① 让课堂知识活起来，教学生"研
      容的扩展和选择多样化                         究历史"，而不仅是教学生"历
    ② 探究的动机投入和价值感       推一把            史"
                               再推一把         ② 给予学生一个完整的、真实的、
                                                充满支持的"创"历程
```

图 7　创新素养在学科综合实践活动中的生成路径

## 三、收获：在"打破边界"中不断突破和创新

从准备启动到顺利完成"她的历史"主题策展活动，大约经历了 2 个月的时间。在学生们一步步深入探究的过程中，我们发现很多边界被打破了，历史学科任务的边界得以拓宽，学生探究能力的边界得以延展，师生角色的界限得以突破，而这样的打破带给我们很多的惊喜。

**(一)失败可以是创新的起点**

恰恰是因为"学生参与度不高、作业质量不好、学习停留在浅表层面、思维同质化"这样的失败任务,给了师生更多的思考空间。"劣构问题"的自然生成让学生可能会遇到的认知困境更为真实,学生可能会放弃,也可能会跨越挑战。正是在几次"退"与"推"中,历史学科任务的边界才得以拓宽,生成了这样一个内容丰富、形式多样、参与面广、思维有深度的综合主题活动。就活动本身而言,达成了从单一走向多维、从扁平走向丰富的目标。学生参与者从8年级扩大到了9、10、11年级,图书馆馆长及语文、心理等学科老师也为策展提供了有力支持。从活动育人价值而言,特别是在学生持续探究能力乃至创新素养培育方面,教师的"退"与"推"是一种有效策略,"一起走"既是策略也是结果,它们共同为师生经历"创"过程提供了可能,为师生共同面对失败、走向创新提供了宝贵的实验。

**(二)适当的容错空间能更好地激发学生自我创造**

回顾整个策展的历程,当我们了解学生的内心想法,倾听他们的意见并确立主题后,本次活动的学习动力来源就从"教师布置"转为"学生内心"了。当学习的内驱力被激发时,学生表现出的学习动力和热情是巨大的。由于没有经验可以借鉴,大家在活动策划与实施过程中遇到了很多困难与挑战。小组成员之间的合作也不是一帆风顺的,大家开始时互不了解,甚至出现争执与冲突,个别小组或学生还出现思路不清、不知下一步怎么办、疲惫或倦怠、想放弃等状况,但通过积极的引导与沟通、鼓励与坚持,整个团队最终还是共同协作,出色地完成了策展任务。除了信息查询与再现、制作海报等浅层的史料收集能力外,学生多层面的组织协调、面向不同群体游说解说、对庞杂的材料进行分类收集与展出、对历史人物展开思辨等学科实践应用能力和迁移创新能力都得到了提升。正如一位策展成员所说:"我们在首次策划展览的过程中,遇到了不少难题,如内容的深度、空间的布置、有趣的互动、参展的规划、宣讲的呈现等,但经过日夜的讨论和实践,问题都迎刃而解了。其中,最重要的是,我能和一群可爱、积极的同学与老师讨论社会问题,发现历史中的女性。当我们在讲述她们的故事时,也在书写自己的历史!"

### (三) 师生是创新活动的共同成长体

回顾整个主题策展活动,由于无法预设活动的结果,教师们就像在运用苏格拉底的"产婆术"一般,在学生们的"挫折"与"失败"中,用观察、启发和共同作业的方式,不断地引导与帮助他们一步一步地将目标和任务变得清晰。在这个过程中,教师和学生的关系不再是传统意义上的师"授"生"受",而是共同的学习者、探究者、合作者。为期一周的展示活动吸引了很多跨学段、跨部门教师前来观展和参与讨论,那些在展区做讲解的学生、在剧场中演讲或在舞台上演出的学生、主持和参与论坛的学生,俨然成为所有观展师生的老师。而当教师们全神贯注地倾听、学习、思考并时不时地发出赞叹时,"教学相长"已然在指向创新的活动中自然发生。

正如怀特海在《教育的目的》一书中所写,真正的教育应该充满生气与活力,充满想象力的探索,从而在知识和追求生命的热情之间架起桥梁。打破边界,在挫折中不断突破认知局限,在失败中不断磨砺创新意志,破茧成蝶,才能让学习真正发生,引导学生真正走向创新之路。

### 参考文献

[1] David H. Jonassen,钟志贤,谢榕琴. 基于良构和劣构问题求解的教学设计模式(下)[J]. 电化教育研究,2003(11):61-66.

[2] 陈新民.国际视野中的历史学科核心概念研究[J].历史教学(上半月),2017(6):67-71.

[3] 成尚荣.为"双减"政策深入实施提供课程依据和专业支撑[EB/OL].(2022-04-21)[2023-05-17].http://www.moe.gov.cn/fbh/live/2022/54382/zjwz/202204/t20220421_620115.html.

[4] 杜莹.还原与探究历史:初一年级文物仿制活动——学生的"史鉴"能力与创新能力的关系案例研究[J].中国科教创新导刊,2014(12):41-42.

[5] 怀特海.教育的目的[M].徐汝舟,译.北京:生活·读书·新知三联书店,2022.

[6] 黄开军,袁晓旻.近五年中学历史"时空观念"素养研究述评[J].吉林省教育学院学报,2022,38(7):140-144.

[7] 李双君.浅谈"劣构问题"对提升学生思维品质的作用[J].中国信息技术教育,2017(19):14-15.

[8] 罗新.有所不为的反叛者[M].上海:上海三联书店,2019.

[9] 苏智良,於以传.怎样上好历史课——来自上海市特级教师的方案与经验[M].上海:上海教育出版社,2020.

[10] 张莉.小学生探究课中劣构问题解决能力的发展研究[D].南京:南京师范大学,2014.

[11] 赵亚夫.历史课堂的有效教学[M].北京:北京师范大学出版社,2007.

(本文作者:姜蒙　上海宋庆龄学校历史教师　教龄6年
　　　　　童晓虹　上海宋庆龄学校副校长　教龄28年
　　　　　崔一鸣　上海宋庆龄学校科研员)

# 14. "这个第二名,来得好!"
## ——一次跳绳比赛引发的创新教育之思

当教育被各种"成功学"所蛊惑时,让孩子学会面对失败同样十分重要。尽管,我们丢掉了保持十年的冠军,但是,我感觉这一次我们的收获比蝉联冠军更有价值。因为这次失败引发的创新之思才是真正让学生终生难忘的教育。

### 一、梦断十连冠

#### (一)一场意外的比赛

2018年11月23日,杭州市江干区举行了一年一度的三跳比赛。在过去的十年里,我们学校长绳队一直是"8字长绳"这个项目的冠军。因为有着十年积累的成功经验,无论是教练员还是参赛学生都自信满满,对这第十一个冠军志在必得。作为校长,我自然满心期待。毕竟,学校有这么辉煌的战绩,大家脸上都有光啊。

比赛开始了！前一分钟,长绳队发挥稳定且完美,跳到了200个。教练在一旁既激动又惊喜——这是孩子们发挥最好的一次。然而,意外就在这时候发生了!"咯咯哒、咯咯哒",一首高分贝的公鸡歌突然降临到操场上,高亢劲爆的音乐声完全打乱了跳绳的节奏。孩子们在音乐的干扰下慌乱得不知所措,导致连续断了8次,最终以380个的成绩结束比赛。由于确实是场地管理方面出现了意外,在申诉成功后,长绳队获得了一次重跳的机会,但是因为两次跳绳的间隔时间短暂,大部分孩子体力不支,所以最后还是以5个之差屈居第二。在坐车回学校的路上,长绳队的教练和队员们哭了一路,老师和家长怎么安慰都不管用。

**(二) 一次心碎的周记**

周一早上,六(3)班班主任郑老师告诉我,这次跳绳事件给孩子们的刺激太大了,班上同学不管是参赛的还是没参赛的,几乎都在周末随笔中写了关于跳绳比赛的事。

当郑老师把厚厚的一叠随笔本放到我办公桌上的时候,我突然意识到:这不是一件小事了。

打开一本本随笔本,在方格稿纸上那些端正秀气的字里行间,我读出了孩子们失望、愧疚、自责甚至愤怒、绝望的情绪。

有孩子用"我终身的遗憾"给随笔取了题目。他在文中写道:"得知比赛结果,我的心如刀割般疼痛。我假装抬头仰望天空,拼命忍着不让眼泪掉下来,可是泪水瞬间就模糊了双眼。"

有孩子写道:"马上就要轮到我们了,我们深知这关系到我们能否卫冕成功,要知道我们学校可是十连冠的成就者呀!"

有的孩子愤愤地写道:"我为什么会得到这么不公平的待遇?以后我到那所学校去,我要拿平底锅见一个打一个!"

"我们经过申诉获得第二次重跳的机会后,领队陈老师把所有的队员召集在一起,大家围成一个圈,把肩搭在一起,流着眼泪大声呐喊'澎博加油'。"读到这里,我的鼻子一酸,差点落泪。

我的脑海里一下子就浮现出孩子们在操场上训练时的样子。为了这个冠军,孩子们坚持一天四训的高强度练习,很多孩子的鞋子都跳破了好几双。这种拼劲和狠劲,没有一定的意志力是撑不下来的。摇绳的同学为了把控节奏,天天要跟着节奏器不停地练习。有一次我发现孩子的手都被绳子磨破了,看着都疼。我找来手套要他们戴上之后再练习,但一转眼却发现手套又被孩子收起来了,说是戴上手套就没有手感了,还是坚持不戴手套摇。

图1 学生们进行跳绳训练

是的,有时候孩子为了集体荣誉的那种冲劲和毅力真让人钦佩。同样的道理,这么努力的付出却得不到如期的结果,他们的难过和失望我感同身受。

## 二、感谢第二名

### （一）一封真诚的书信

看完随笔，我觉得有必要和孩子们聊一聊了。孩子们的种种情绪也是因为爱澎博，他们如此自责，小小的肩头承载了那么多本不该承受的担子。我也想告诉孩子们，任何一次比赛，除了实力还伴随着那么一点运气，这也是体育比赛的残酷之处和魅力所在。不要纠结，要学会接受。比赛过程中难免会有意外发生。发生意外后，我们不能把责任都往外推，要去思考，我们还可以做些什么。既然孩子们喜欢用随笔来表达内心的感受，我也用信件来回应一下吧。于是，我在电脑上敲下了这几个字："这个第二名，来得好！"在信中，我这样写道：

图 2　学生们的团结

我很欣慰,你们是勇敢的。面对一些困难和意外,你们能勇敢地去承担,去解决。尽管最后的成绩并不一定能反映你们的真实水平,但你们努力的样子真的很酷!

我很惊诧,不仅仅是惊诧于你们跳得好,更惊诧于这个团队比赛给予你们的力量和团队精神!通过这个不完美的竞赛,我看到了完美的你们!

我很庆幸,这个第二名远比第一名更有意义。没有人一生中不会遇到困难、挫折或者不公平的遭遇,但是经历过一次,我们不放弃,持续投入,就一定能找到新的应对办法,就会变得更加强大,这一次意外就是成功路上的垫脚石。

孩子们,所有的不愉快终将会随着时间的推移渐渐逝去。相比十连冠的荣誉,这个第二名一定会给我们带来更多的力量和值得回味的东西。若干年后,当你们成年时,或许还能记得有这么一次跳绳比赛,在童年的记忆里留下了一道美丽的划痕。感谢第二名!

许多孩子陆陆续续给我写了回信,让我特别欣慰。他们说:"校长,谢谢您给我们的关爱。在您眼里,我们的第二名仿佛变成了第一名。这给我们受伤的心灵贴了一个大大的创可贴,真的太温暖了。"有的写道:"人生路上遇到的困难难道还会少吗?所以,我也要像长绳队的同学那样,失败了,站起来,重新再来一次;再失败,正视自己的问题,努力改正,锻炼自己,让自己变得更加强大!"

## (二)一次深刻的反思

其实,我在教育孩子们的同时也在治愈我自己。一直以来我都有个执念,觉得那么多年的第一名是几任校长共同坚持的结果,要是在我任校长的时候拿不到冠军可就太丢脸了。于是,参加跳绳比赛无形中变成了我的一种负担,只有拿到第一名,才能长舒一口气。但是,这次破天荒地没有拿到第一,反而让我冷静下来。我得想想,体育比赛,除了名次和成绩,还有哪些是更重要的……

## 三、失败的智慧

### (一) 训练常挪窝

"第二名事件"在忙碌和充实的校园生活中过去了。令人欣慰的是,我发现早上的长绳训练没有中断,孩子们练得比以往更起劲了,常常能在不同的场地看到他们。有时候在操场上,有时候在车模场地,有时候在大礼堂,甚至有时候在校门口。我很奇怪,以为是因场地使用冲突,所以他们不停地"挪窝"。于是,我就问了一个孩子:"最近怎么老是换地方练习,是不是和体训队的场地撞一块儿啦?"孩子摇摇头,神秘地说:"不是,教练和我们一起商量出个好办法,到时候您就知道了。"说完,嬉笑着跑开了。我还是没有按捺住好奇心,找来了长绳队的陈老师询问。

陈老师认真地告诉我,"第二名事件"后,孩子们痛定思痛,决定从哪里跌倒就从哪里爬起来。于是,大家聚在一起商量怎样才能避免在比赛中遇到的意外所带来的影响。这次讨论的重点是:如果有干扰因素,可能是哪些,该如何应对?

大家一起提问题、想对策,最后终于形成了一套"防天防地防干扰"的新战术。首先,他们对训练场地进行研究,发现承办比赛的学校场地并不都是一样的,有的学校是塑胶场地,有的学校是水泥地,有的学校是木地板……因为场地的材质不一样,摇绳的摩擦力也是有区别的,所以要在多个不同的场地上进行尝试,这样就能知道什么场地怎样摇绳最合适。其次,要去适应不同的氛围。大部分的时候他们是在老师的口令下,在安静的氛围中练习,现在更要在人多嘈杂的环境里跳,这样被人围观也能从心理上适应,更能训练专注度。最后,也要能在寂静无声的环境里跳,让绳子的节奏从听觉逐步过渡到其他感觉上。

**(二) 技术有突破**

刚想给他们点赞,陈老师又说:"关于中断之后如何补救,我们通过观摩冠军队的录像设计了几条策略,并和孩子们一起讨论过了,我们正在尝试,看看哪一条最适合我们。策略一:中断之后立即回归原来队形。优点是队形熟悉,不易搞错。缺点是若中断的点在前半支队伍,就会浪费时间。策略二:哪儿中断就从哪儿开始。优点是不用调整队形,减少时间浪费。缺点是对每个队员的领跳技术要求很高,不易达成。策略三:调整全体队形,把能领跳的队员平均分布。优点是无须调整队形,缺点是每个孩子都要清楚哪几个是领跳,反应不过来就可能会影响速度。"

图3 学生们尝试新策略

天啊,我都没想到老师和孩子们能够分析得这么专业。一次跳绳的失利,倒逼出了一群专业的技术分析师。陈老师感慨地说:"好多策略还是孩子们七嘴八舌讨论出来的,我一开始也真是没想到。以前,冠军拿多了,以为这么一套方法就管用了。现在看来,这个第二名真的让我也该好好反思了,还有哪些更好的方法。"

## 四、迟到的精彩

### (一) 失败者的荣耀

都说正义只会迟到,但从不缺席,看样子"精彩"也是。在长绳比赛后的一个月,杭州市亚运会组委会从报纸上得知我们学校长绳队的故事之后,非常感动,特地向我们学校发来邀请函,希望我们参加杭州市亚太地区花式跳绳表演赛。当陈老师把这个好消息向大家宣布时,孩子们激动地抱在一起又笑又跳。亚组委的老师开玩笑说:"就因为你们是第二名,第一名的我们还没请呢!"在黄龙体育中心崭新的体育馆里,我们的孩子登上了最高规格的舞台,完成了他们最有意义的一次跳绳表演赛,每个人的脖子上再一次挂上了金灿灿的奖牌。

在迟到的掌声与喝彩中,孩子们再一次懂得了:机会一定会留给有准备的人。只有真正热爱体育,不肯轻易认输和放弃的人,才能始终站在胜利的曙光里。

### (二) "第二名"的激励

第二年的跳绳比赛如期而至,虽然参加比赛的不是同一拨孩子,但是"第二名事件"早就在学校里传得人尽皆知了。于是在出征前,我仍以书信的方式,和参赛的孩子们进行了一番深刻的谈话。以"孩子,别怕"为题,我这样写道:

孩子,别怕!马上要去比赛了,心中是不是十分忐忑?听说了上一年的赛场风波，是不是更加不安？没事！在赛场上一定有输赢。谁都不能保证世界上任何事情都会按既定的程序前进，正因为有不确定性，才造就了这个世界的神秘和多彩。比赛也一样，没有绝对地应该怎样。这就是这个世界的应然状态，是真实的存在，你要学会去接受并理解。

孩子，别怕！不要担心比赛结果对你的影响。赢了固然值得祝贺，输了照样也是学习榜样。知道吗？经常有老师偷偷拍了你们暑假早起训练的视频放在班级群里，那风一样的速度、飞一般的感觉以及绕出的优美"8"字就是勤奋刻苦的代名词。你们早已是师生心目中的冠军啦！即使这一次依旧没有夺冠，请不要哭，给对手一个微笑，并对自己说一句："这一次，我尽力了，下次我会更努力！"

是的，因为在这个团队，你们收获了刻苦、坚韧、乐观、积极，你们的能量超乎我的想象。

## 五、思想的涅槃

"对了，校长，从您上次的信中我感受到了孩子们和我对比赛的认识还是有一些问题。"陈老师不好意思地说道，"所以，我和孩子们作了一个约定，接下来我们要坚持写每天的训练日记，每天由一个人写，18位同学轮流写接龙日记。我也算一个。我想比赛只是我们长绳队日常生活的一个点，我们平时的交流讨论和训练生活才是最精彩的。我想把我们长绳队的故事记录下来，让孩子们彼此能够分享，看看别人眼中的自己。我想我们不仅要从战术上'防天防地防干扰'，更要从心态上'能胜能败能扛事'！"

对一名教育工作者来说，还有什么能比听到这些话更美妙呢？老师和孩子们都在"第二名事件"中迸发出了令人惊讶的创造力和智慧,让我不由得深信专家倡导的"要让孩子们像专家一样思考"这句话是有道理的。

我拍照留存了孩子们的随笔和回信。这个小故事于我而言,也是一次学习与成长。一次比赛,我们既要教会孩子如何有规则地赢,更要教会他们如何有尊严地输。我们既要让孩子们见识到比赛的不确定性,更要让他们感受到体育运动的魅力。我们既要帮助孩子们面对失败的现实,又要激励他们敢于创新的勇气。我很庆幸当初选择了这一理性的处理方式,我觉得我自己和孩子们一起在"第二名"的困境中挣扎、成长,并走向成熟和超脱。

### (一)宽容失败比鼓励成功更重要

曾经有一段时间,成功教育受到极大的推崇。但是,事物都是有两面性的。既然有成功的时候,就一定会有相对失败的时候。很多时候,教育是成功与失败同行的过程,我们在提倡成功教育的同时,不要忘了让孩子有经受失败的能力与体验。

现代物质生活的舒适安逸、家长的过度保护以及学校疏于这方面的教育,造成了部分孩子耐受力较差,吃不得苦头,受不了委屈。然而,人的一生怎么可能永远一帆风顺呢?在孩子的成长过程中,一定会遇到大大小小的障碍,如果听之任之,也许就会失去大好的教育机会。不少家长和老师对待孩子的失败,不管三七二十一,就是一顿数落和责怪,使孩子心里也觉得失败就是一件丢人的事,唯恐发生在自己身上。

就像这次跳绳比赛的结果,对孩子们来说就是当头一棒,显然是一种负面的情绪体验,在一个人无法达到预期目标的时候发生。如果我们能趁机教会孩子积极地面对失败、寻找问题,让他们明白在逆境中更应该坚持,这就是另一种成功!塞翁失马,焉知非福。与拿到冠军相比,能给孩子们一次深刻的教育似乎要划算得多。教育工作者如何正确地看待孩子们的失败以及让孩子们能正确地认识失败尤为重要。

**（二）走出失败最好的方法是坚持**

我问孩子们："你们参加长绳队的最终目的是什么？"当然是为了锻炼身体、强健体魄。体育比赛除了实力外确实还伴随着那么一点运气，这种不确定也是体育比赛的残酷之处和魅力所在。在比赛中，冠军只有一个，但赢家不止一个。重要的是坚持，每个人都可以是胜利者！

在北京冬奥会的短道速滑男子 500 米项目上，中国选手武大靖无缘卫冕。但不管是否获得奖牌，人们心目中的武大靖已是成功者。因为从武大靖的经历中可以看出，他付出的努力远比他的天赋更耀眼。作为平昌冬奥会冠军的他，从零开始，脚踏实地，重新迎接新的挑战，最终在北京冬奥会拿到混合团体接力金牌。因此，持续投入是走出失败的最佳途径。

伟大的发明家爱迪生发明了世界上第一盏电灯。他试验过 6 000 多种材料，尝试了 7 000 多次，经过了 13 个月的反复操作，终于在 1879 年 10 月 21 日实现了自己的梦想。如果说，这一天之前的试验都应该归结为失败的话，那么这每一次的失败都是有价值的，因为正是它们造就了最后的成功。而这其中最关键的因素就是坚持。

就人的成长来说，在某种意义上，"失败"的意义不低于"成功"。正如孟子所言："故天将降大任于是人也，必先苦其心志，劳其筋骨，饿其体肤，空乏其身，行拂乱其所为，所以动心忍性，曾益其所不能。"

这次跳绳事件后，孩子们没有放弃，而是选择了继续坚持。从某种意义上来说，这就是一种成功。因为在这样的场景下的坚持比以往更有意义。体育最重要的目标不是塑造一个"竞赛的胜利者"，而是培养一般学生成为战胜自我的胜利者,"让每个学习者都能"。对孩子们来说,这是一场超越自我的修炼。

### (三) 反败为胜的最佳武器是创新

在痛苦沮丧的尽头,就是绝地反击。在经历了失落、绝望、痛苦的体验后,在老师和家长的正确引导下,孩子们迸发出了"不服输"的拼劲和狠劲。山重水复疑无路,柳暗花明又一村。终于,他们开始自我革新,去思考如何破解难题,走上一条不仅拼体力,更要拼智慧的运动之路。

当有了这样的认识之后,老师和孩子们的表现令人惊喜。一次失败的体验,居然创生出"N"种解决问题的对策。而在这个过程中,老师和孩子们为了检验不同的策略而去一一尝试、探索、比较、选择,真正把跳绳这件事做成了项目化学习的典型案例。他们很兴奋地做出各种改变,根据场地的变化,调节摇绳的力度和节奏;根据中断的可能,进行队形的变化与调整;根据环境空间的不同,设计各种应对的预案;甚至还开始接龙写训练日记,记录平凡日子的小美好……在这种积极的体验中,孩子们之前的懊丧情绪一扫而光,取而代之的是似要练就"金刚不坏之身"的自信与昂扬。

每年我们学校的毕业班都会在校园内共同栽下一棵毕业树,作为对母校的纪念。今年,他们栽下一棵海棠树,并且给这棵海棠树取了个小名,叫"第二名"。因为这个"第二名"带给他们太多的能量。希望以后回到校园,看到这棵树,他们就会想起当年曾经发生过这样一件事,以及它所留下的美好。

### (四) 创新的最高境界就是不惧失败

巧的是,第二年的同一天又是长绳队出征区三跳比赛的日子。当然,在这次比赛中,我们的孩子们没有给对手任何的机会,以长绳短绳双第一并且打破自己曾保持的区纪录的完美战绩拿到了冠军。更令我惊喜的是,他们没有想象中的喜极而泣,而是异常冷静地相互交流和分析着:某某学校的跳绳动作还是不错的,但是明显跳得不够熟练;某某学校的队形好像有点问题,排得疏密不匀;某某学校领跳的同学很棒,但断了一次后接跳的同学节奏不对……

从那以后,学校的长绳队在区级比赛中保持着稳定成绩,再也没有让冠军旁落,甚至一路杀进市级的决赛,并依然保持一等奖的位置。然而,我和孩子们已经不再苛求到底要拿第几名,每当看到他们和教练有理有据的战术分析、全力以赴的训练状态、荣辱不惊的大将风度,我就觉得特别满足。

"第二名事件"成了孩子们人生成长拐角处的一束光。我们需要用这样的精神信仰激励他们去克服一个又一个困难,去创造一个又一个奇迹。这束光可以为学生推开一扇窗,让他们看到一个新的世界,为未来增加更多的可能。杜威认为,教育的目的就是使人能够自己教育自己。是的,在一定意义上说,只有历经过失败的痛苦和蜕变,学生才能真正教会自己承担起成长的责任,并且更加勇敢、更有创意地迎接未来的挑战。

**参考文献**

[1] 段伟.成为学生人生拐角处的一束光[J].人民教育,2018(17):18-20.

[2] 陆俊杰.创新失败教育是职业教育的必修课[J].江苏教育,2019(20):38-39.

[3] 谭光全.也要让学生经历失败[J].四川职业技术学院学报,2011(1):77-78.

[4] 张广萍.有效失败理论促进学生深度学习的教学设计与实践研究[D].哈尔滨:哈尔滨师范大学,2021.

[5] 张陆萍.创新教育理念下小学体育教学[J].新智慧,2020(36):15-16.

[6] 周静.美国创新文化探源:宽容失败,孕育创新[J].华东科技,2011(19):58-59.

(本文作者:项一喜　浙江省杭州市澎博小学党支部书记、校长　教龄32年)

## 15. 失败中孕育创新：一场拯救植物之旅

为了让幼儿能够深刻地体会到自己的行为所带来的后果，当看到幼儿频繁地给植物浇水时，教师选择了沉默。一场意料之中的失败由此产生，但事情并未因为这次失败而结束，而是走向了意料之外的方向，由此幼儿踏上了一场拯救植物之旅。在这场旅途中，幼儿的一次次失败带给了教师关于失败的全新思考。

### 一、一场意料之中的失败

为了培养幼儿的责任心，教师让每位幼儿从家里带来植物，放在幼儿园里进行照顾。在开始照顾植物前，教师组织幼儿们讨论应如何照顾植物，大家一致得出以下内容：需要每天给植物浇水、晒太阳、松土等，并决定以分小组的形式照顾植物。在刚开始照顾植物的时候，幼儿的积极性很高，小组成员在日常生活中的过渡环节争先恐后地给植物浇水。

小班的幼儿仍旧处于"自我中心"阶段。虽然他们有一定的想法、情绪和行为，也会对自己的行为负责，但由于他们的认知能力不够成熟，有时候会觉得自己是全世界的中心，难以理解他人的观点。基于小班幼儿的这一特点，教师在发现幼儿过于频繁地浇水的问题之后，没有选择第一时间指出问题，而是选择让幼儿自己去发现问题。这样做，一方面是为了观察幼儿面对养护植物失败时的反应，另一方面是为了让幼儿更深刻地理解自己的行为所带来的后果，让幼儿直面失败，锻炼其解决问题的能力。

就这样，过了一段时间，问题开始显现出来……

"老师，老师，我的植物的叶子变黄了。"

"我的植物叶子好像烧焦了。"

……

小朋友们围在植物角开始讨论起来。

"植物是生病了吗？"有小朋友提出疑问。

"那怎么办呢？"小朋友们望着老师，期盼从老师那里了解到原因。

"你们仔细想想，是不是你们在照顾的时候有什么地方没有做好？"老师试图引导小朋友们去发现问题。

"我每天都很认真地照顾我的植物。"恬恬说。

"我知道了，一定是因为我们没有给植物吃饭。"笙笙说。

"吃饭，植物又不需要吃饭。"恬恬在旁边惊讶地说道。

"我妈妈都会给家里的植物吃饭，我明天要把植物的饭带到幼儿园来。"笙笙说道。

幼儿似乎找错了解决问题的方向，对此，教师开始陷入纠结：是让幼儿继续朝着错误的方向探究,还是直接指出幼儿的问题?为了让幼儿能够自主地探究,教师还是决定沿着幼儿的方向让其勇敢尝试。

## 二、不是所有失败都值得幼儿探究

隔天,笙笙就从家里带来了给植物吃的食物(喝剩的茶叶)。幼儿将带来的茶叶铺在自己的植物土壤上面,之后就开始了长达一个月的观察。在刚开始的时候,教师询问笙笙为什么给植物铺茶叶,笙笙的回答是看到爸爸妈妈这样子做过。考虑到幼儿几乎没有施肥方面的经验,于是教师尝试通过视频科普、借助家长资源等方式给幼儿扩展关于给植物施肥的相关知识。但由于幼儿还处于小班阶段,对事物的理解能力比较弱,再加上家长对施肥的相关知识也不是很了解,因此根本无法开展与施肥相关的探索。一个月之后,植物的情况非但没有好转,反而越来越差。

对此,教师开始反思是否所有的失败都值得幼儿去探究。针对这个问题,教师开始回顾以往的教学经验,发现超出幼儿"最近发展区"之外的失败是不值得探索的。

与施肥相关的内容是幼儿经验体系之外的知识,也超出了幼儿的能力范围,即超出了幼儿的"最近发展区"。换言之,此次的探究并不符合小班幼儿的年龄特征。针对这个问题,幼儿根本无法理解与解决。因此,此次的失败是必然的,且无解。

当遇到幼儿经验体系之外的失败时,是否就不值得探究?答案是否定的。例如,在中班的一次户外游戏中,一名幼儿充当交警指挥交通,但无论他怎么指挥,交通始终一团糟。虽然这名幼儿并没有指挥交通的经验,但教师并不因为幼儿没有相关经验而放弃对幼儿的引导,而是通过播放一些交警指挥交通的视频以及展示一些交警指挥交通的简单手势,让幼儿在户外游戏中尝试用学会的手势指挥交通,并在这个过程中加入自己发明的手势。这说明超出幼儿经验体系之外但符合幼儿学习能力范围的失败还是值得探究的。

## 三、探究中的意外之喜，创新的种子在失败中萌芽

教师原本打算让幼儿在试错过程中认识到问题，进而更深入地开展探究，但在活动过程中，教师发现这很难实现，并且幼儿并不会朝着教师所预设的方向进行。这时，教师决定再次介入。于是，教师组织了一次集体谈话。

"小朋友们，我们的植物好像病得更严重了，这肯定不是因为没有吃饭，你们觉得还有什么原因会引起植物生病呢？"老师提问道。
"可能是植物太冷了吧。"包包提出。
"那我们给植物穿上衣服就可以了。"孩子们开始你一言我一语地说起来。
"我的植物太小了，没有这么小的衣服。"欣欣说。
"哦，我知道了，我们可以用塑料袋把植物包起来，这样它就不会冷了。"泰利说。

通过这次谈话，教师本想引导幼儿往浇水问题上思考，但是幼儿再次把探究方向引向了其他的地方。经过上一次经验，教师原本打算让幼儿直接放弃这次尝试，但幼儿在讨论过程中直接提出了自己的解决办法，教师考虑到给植物套上塑料袋是一件比较容易完成的事情，于是决定给幼儿一周的时间去尝试探索。

幼儿用塑料袋给植物穿上"衣服"。在这之后，像往常一样继续给植物浇水、松土、晒太阳。第二天，幼儿就发现了问题：由于频繁地给植物浇水，水都漏进了塑料袋中。幼儿直观地观察到植物其实是不需要这么多水的，开始意识到可能浇的水太多了。他们开始调整浇水的频率，约定只在每天早上浇一次水。就这样，教师之前苦恼的问题在幼儿一次意外的尝试中得到了解决。

## 四、创新的种子在失败中成长

教师以为这一次的探究到这里就结束了,但结果出乎教师的意料。由于之前幼儿过度地给植物浇水,有些植物的根系已经被破坏了,当幼儿调整浇水的频率之后,仍旧有部分植物的情况不见好转,这使得幼儿的探究积极性意外高涨,引发了更多的猜测。

小朋友们围在植物角边展开了讨论。

"我们都给植物穿了衣服,也没有浇很多水,为什么它们的病还没好?"有小朋友提问道。

"我的植物好像好一点了,它的叶子有点绿了。"每天都在观察自己植物的可欣说道。

"那一定是我们给植物穿的衣服不够多。"包包说。

有小朋友提议道:"那我们给植物多穿一些衣服吧。"

笙笙见状说道:"我们可以把植物放到教室里,这样会很暖和。"

小朋友们立刻开始询问老师:"可以把植物放到教室里吗?"

老师耐心地解释道:"我们的教室太小了,没有那么大的空间来放植物。"

"那怎么办呢?"小朋友们发出疑问。

"要不我们在教室外面给植物搭个房子吧。"硕硕提议道。

孩子们兴奋地说:"太好了,我们可以用建构区的材料来给植物搭一座房子。"

幼儿根据猜测提出要给植物搭建一座房子,这是教师所未预料到的。就这样,我们开始了一场给植物搭建房子的探索之旅。在初步构想中,幼儿想通过建构区的积木为植物搭建房子。但真正开始实施之后，出现了积木不够、影响楼梯通行等问题。用积木搭建房子的办法失败了。此时，又有小朋友提出用布覆盖在植物上面，但当真正开始实施时，幼儿又发现布太重了，会压伤植物，并且不方便给植物浇水、晒太阳。这时又有幼儿提出可将布支撑起来，于是他们开始在教室里寻找合适的材料。有幼儿发现小建构的吸管积木很适合作为支撑材料，就尝试用吸管积木搭建支撑的骨架。幼儿最初的想法是：用吸管积木拼出一张很大的"网"形状的支架，把支架架在楼梯的扶手上，再盖上布就可以了。但是，幼儿在实践过程中发现无法实现，并且由于幼儿不知道支架要做多大，需要一边做一边拿着还未做好的支架放在植物角上进行比对。在这个过程中，由于吸管积木连接不牢固，很容易出现散落或积木断开的情况，给幼儿的探索增加了很大的难度，一度使他们搭建房子的工作停摆。

　　此时，教师意识到自己应该要介入到幼儿的探索之中了。考虑到幼儿还处于小班阶段，在经验和知识储备上都有所欠缺，教师从植物角的情况以及幼儿选择的搭建材料出发，引导幼儿观察帐篷的形状，从帐篷的形状启发幼儿去搭建房子的骨架。对于吸管积木不好连接的问题，教师则选择放手，让幼儿自主探究。幼儿花费了很长时间，在一次次失败中总结出了如何更好地连接吸管积木的方法。一是通过扭一扭的方式，让吸管积木之间连接得更牢固；二是将容易断开的地方用胶布粘起来。最后，幼儿模仿帐篷的形状成功地搭建出"房子"的骨架，再将布覆盖在吸管积木上，一座具有保暖效果的"房子"就搭建好了。

图1　植物"房子"成品

图1展示了幼儿为植物搭建的"房子"成品。

"房子"搭建好之后,幼儿按照之前的方法对植物精心照顾。由于整个探索所花的时间很长,当幼儿搭好"房子"之后,学期也已经接近尾声,最后幼儿讨论决定将各自的植物带回家照顾,探索仍在继续……

根据对幼儿以上探索的分析,教师总结了从失败走向创新的影响因素。

### (一)已有经验,在失败中孕育创新的前提

为了更直观地观察幼儿解决问题的依据,教师会根据幼儿的探索与其进行谈话。表1展示的是教师从与幼儿的谈话中选取的典型内容。

表1 幼儿解决问题的办法与经验来源

| 我的问题 | 我的解决办法 | 解决办法的经验来源 |
| --- | --- | --- |
| 植物是因为没有食物才生病的吗 | 带茶叶给植物当食物 | 我看到过爸爸妈妈这样做 |
| 植物是因为太冷了才生病的吗 | 用塑料袋给植物穿上衣服 | 我冷的时候会穿衣服 |
| 植物是因为在室外太冷了才生病的吗 | 把植物放到室内 | 我在室内的时候就不会感到冷了 |
| 房间放不下怎么办 | 为植物搭建房子 | 我在建构区搭建过房子 |
| 用什么材料来搭建呢 | 用建构区的木头积木搭建房子 | 我在建构区都是用木头积木来搭建的 |
| 木头积木数量不够怎么办 | 用布搭建布房子 | 衣服都是用布做的,布房子会很暖和 |
| 布会压到植物,也很难浇水,怎么办 | 用吸管积木搭建房子 | 我们可以用吸管积木和布把房子搭得像帐篷一样 |

表1的记录可以直观地反映出幼儿的解决办法都是基于自身已有的经验。这说明创新不是凭空产生的,创新产生的前提是幼儿已有的经验。要想发展幼儿的创新能力,就必须丰富幼儿的经验。而丰富幼儿经验的关键就是让儿在生活中多去探索,表1反映出幼儿主要从家庭、学校、自身生活等方面获取经验。教师所能做的是在日常教学活动中让幼儿多说、多做、多体验。

### (二) 幼儿兴趣,在失败中孕育创新的能量来源

幼儿的兴趣是其对事物进行探究的原动力。回顾幼儿的探究过程,不难发现幼儿在一次次失败之后继续探究的动力源于他们对于植物"生病"原因的好奇,好奇驱动幼儿对探究保持着极高的兴趣。兴趣是幼儿源源不断探究的动力,使幼儿在一次次的失败中实现了创新。

### (三) 在失败中建构经验,在失败中孕育创新的关键

建构经验指幼儿在探究过程中不断在已有经验基础上建构新经验的过程。而在失败中所建构的经验能帮助幼儿聚焦问题,更有方向地探索解决办法。在这个过程中,幼儿通过持续不断地聚焦问题建立新的经验。当新经验累积到一定程度时,量变引发质变,从而产生创新。

## 五、梳理幼儿的探究过程,总结经验

### (一) 以过程为导向,允许幼儿在失败中自主探究

通过幼儿的一系列探究,教师明白了要懂得包容失败。教师应注重的是幼儿探究的过程、在探究中所运用的方法以及他们的收获,而不是单一地关注幼儿是否成功地达成了目标。在幼儿刚开始探究的时候,教师虽然有意识地让幼儿通过

自主探究的方法寻找答案,但当探究方向偏离时,教师的内心是比较纠结的,而纠结的根源恰恰是教师太过关注幼儿最终探究的结果。当幼儿的探究越来越深入时,即使发生了很多次失败,教师仍能坦然地面对,说明此时教师已经意识到结果成功与否并不重要,重要的是幼儿在探究过程中是否能积极主动地运用已有的经验解决问题。这也进一步促进了幼儿后续的创新。

**(二) 懂得取舍,包容幼儿的"有效失败"**

通过反思整个探究过程,教师发现并不是所有的失败都值得幼儿探究,只有"有效失败"才能促进幼儿创新。何谓"有效失败"?2008年,新加坡南洋理工大学马努·卡普尔教授在学习学科的研究框架中,从真实情境出发,提出了"有效失败"这一概念。该概念是指学生在学习新知识和解决复杂问题的过程中,外显表现上的失败和实际有效学习之间的相关性。当教师设定一个相对复杂的问题,可以有多种解决方法且不直接向学生提供标准的解决方案时,学生通过小组合作的形式进行积极探究,激发已有的知识储备,尝试解决这一复杂问题。虽然失败的概率较大,但在解决问题的过程中,学生提出自己的解决方案,加深对概念的理解,增强知识的迁移性,使自我学习和创新能力得到提升,即外显表现上的结果是失败的,但实际学习是有效创新的。为了更好地分析幼儿的整个探究活动,教师梳理了幼儿整个探究活动的脉络,如图2所示。

幼儿的第一次探究涉及的知识是关于植物施肥方面的,但因根本没有关于施肥的经验,只是笙笙看过家人做,在此基础上模仿了大人的行为。在这个过程中,幼儿并没有发生经验的迁移,也没有加深对概念的理解,即没有产生学习,也就无法成功地解决问题。因此,这一次的失败可以称为"无效失败"。

# 212 失败与创新

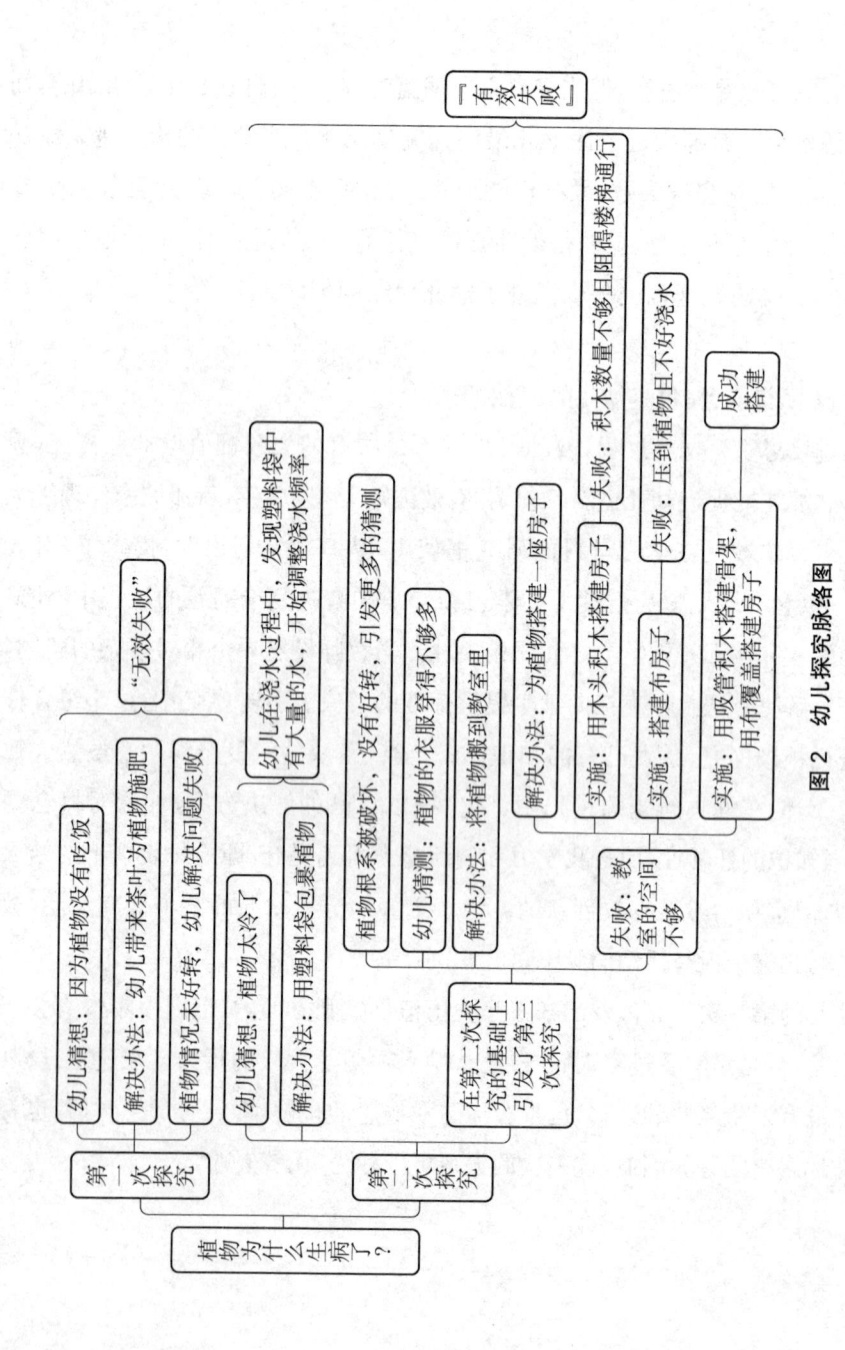

**图 2　幼儿探究脉络图**

植物为什么生病了？

**第一次探究**（"无效失败"）：
- 幼儿猜想：因为植物没有吃饭
- 解决办法：幼儿带茶叶为植物施肥
- 植物情况未好转，幼儿解决问题失败
- 幼儿猜想：植物太冷了
- 解决办法：用塑料袋包裹植物
- 幼儿在浇水过程中，发现塑料袋中有大量的水，开始调整浇水频率

**第二次探究**：
- 植物根系被破坏，没有好转，引发更多的猜测
- 幼儿猜测：植物的衣服穿得不够多
- 解决办法：将植物搬到教室里
- 在第二次探究的基础上引发了第三次探究

**第三次探究**（"有效失败"）：
- 失败：教室的空间不够
- 解决办法：为植物搭建一座房子
- 实施：用木头积木搭建房子
  - 失败：积木数量不够且阻碍楼梯通行
- 实施：搭建布房子
  - 失败：压到植物且不好浇水
- 实施：用吸管积木搭建骨架，用布覆盖搭建房子
  - 成功搭建

在第二次探究时,幼儿提出猜想"植物太冷了"之后,迁移了自己天冷穿衣服的经验,提出为植物穿衣服的解决办法。幼儿尝试用生活中常用的塑料袋为植物穿上了衣服。在这个过程中,幼儿发现频繁浇水所导致的后果,无意间解决了最初教师预设的想让幼儿解决的问题。植物的情况并没有十分明显地好转,这引发了幼儿的第三次探究。在第三次探究的过程中,幼儿经历了多次失败。在一次次的失败中,幼儿不断地迁移生活中的经验,激发了创新思维。特别是在尝试为植物造"房子"的过程中,先是激活了已有知识,将之前搭建积木的经验迁移到造"房子"中;失败之后,又尝试在身边寻找合适的材料,最终结合帐篷的形状搭建出了合适的"房子",还探索出了如何更坚固地连接吸管积木的方法。由此可见,在第二次和第三次的探究过程中所发生的失败都可称为"有效失败"。

基于幼儿的整个探究过程,教师认为在幼儿自主探究的时候,要懂得辨别"有效失败"和"无效失败",并总结出判断示意图,以更好地辨别"有效失败"以及"无效失败",如图3所示。

由图3可以发现,避免"无效失败"的关键是:幼儿的解决办法是不是从自身的已有经验出发。当幼儿对解决办法并无相关经验且经验不在幼儿的学习范围之内时,教师要及时介入进行取舍。在探究过程中,当幼儿没有发生经验的迁移,即没有产生学习行为或新经验时,教师要学会判断,是否适合继续探究。教师要懂得包容幼儿的"有效失败",引导幼儿不要将时间浪费在"无效失败"上。

**(三) 正视失败与创新的关系,助力发展幼儿的创新能力**

教师要以过程为导向,引导幼儿解决问题。聚焦幼儿探究中的"失败",不是让幼儿关注"失败"的结果,而是让幼儿关注为什么会失败以及如何避免失败。只有在探究的过程中不断试错并积累经验,才能更好地促进幼儿的创新。

创新与失败,看似毫不相关的两个词,却有着千丝万缕的联系。创新是从失

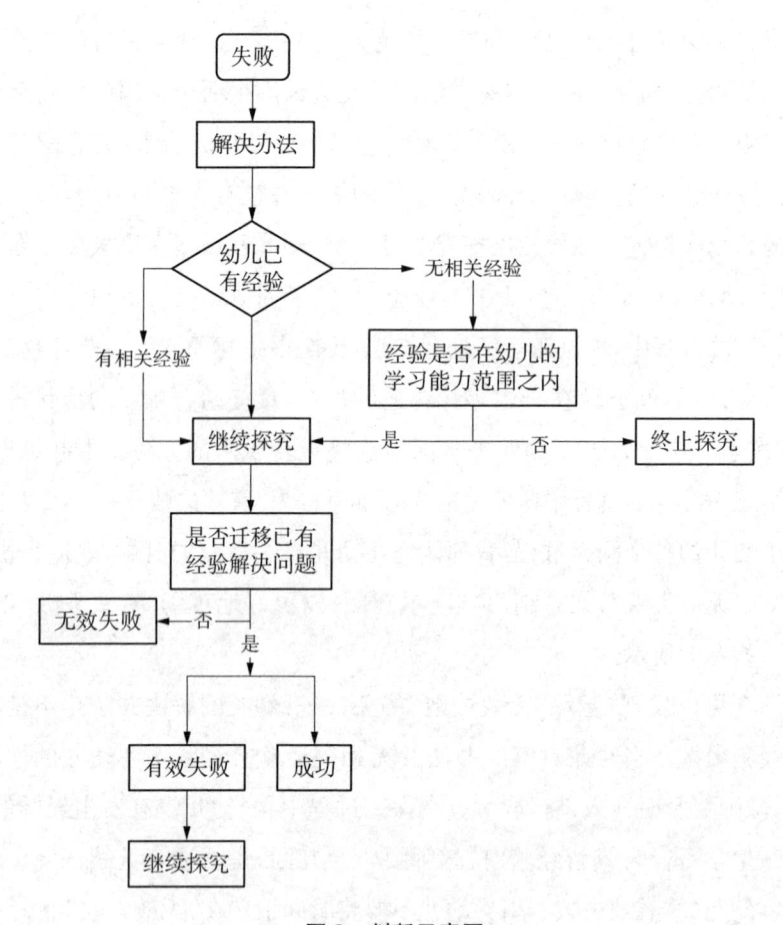

```
       ┌──────┐
       │ 失败 │
       └──┬───┘
          ▼
      ┌────────┐
      │解决办法│
      └───┬────┘
          ▼
       ╱幼儿已╲
      ╱ 有经验 ╲──→ 无相关经验
       ╲      ╱           │
        ╲    ╱            ▼
         ╲  ╱       ┌──────────────┐
  有相关经验│       │经验是否在幼儿的│
          │         │学习能力范围之内│
          │         └──────┬───────┘
          ▼                │
      ┌────────┐   是      │    否   ┌────────┐
      │继续探究│←──────────┴────────→│终止探究│
      └───┬────┘                     └────────┘
          ▼
    ┌──────────┐
    │是否迁移已有│
    │经验解决问题│
    └─────┬─────┘
  ┌────────┐  否
  │无效失败│←──┤  是
  └────────┘   ▼
       ┌───────┴──────┐
       ▼              ▼
  ┌────────┐     ┌──────┐
  │有效失败│     │ 成功 │
  └───┬────┘     └──────┘
      ▼
  ┌────────┐
  │继续探究│
  └────────┘
```

图 3　判断示意图

败中孕育出来的，创新的前提是自身的已有经验。而失败正是引发经验迁移的积极因素。从失败走向创新，对幼儿来说，是一项挑战；对教师来说，要懂得正视失败与创新的关系，学会以失败为切入点，引导幼儿去面对失败。在这个过程中，如何激发幼儿的兴趣并不断让幼儿保持兴趣，在"有效失败"中聚焦问题，持续建构经验，从而走向创新，是所有教师在工作中需要解决的课题。

**参考文献**

[1] Kapur M. Productive failure [J]. Cognition and Instruction, 2008(26):379-424.
[2] 王佩,王桥."有效失败"法在小学 Arduino 创客教育课程中的实践研究[J].计算机教育,2020(9):56-59.

(本文作者:张伟晶　浙江省台州市黄岩区樊川书院幼儿园幼儿教师　教龄 2 年)

## 后记

今年是"黄浦杯"征文活动举办 20 周年,这是一个具有标志意义的年份。厚重的经验助长底气,使得我们在举办征文活动时越来越游刃有余。漫长的积累也容易成为压力,使得我们在出题时越来越捉襟见肘。20 年来,我们在不同维度的主题上不停探索,在不同的组织形式上不断试错,终于摸索出一条理论联系实际并适合教师进行科研表达的写作路径。每年优秀作品集出版时,征文活动才算真正告一段落。从策划选题到培训辅导,是在培育作者;从评审到颁奖,是在筛选作者;从挑选、修改到出版,是在成全作者。这样的事做了 20 年,慢慢沉淀出价值,渐渐发挥出影响力。

今年的"失败与创新"是一个充满挑战的主题。关于创新教育,无论在研究领域还是实践层面,大到宏观政策,小到课堂教学,都充满了各种概念和尝试。当我们谈创新教育的时候,多数是指向学生的创新,包括但不限于提升创新能力、培育创新素养、涵养创新人格等。此次征文主题尽管最终也要通过学生的表现来认定举措是否落地,但更多的是看重教师的创新实践。教师对"失败与创新"究竟有怎样的思考和行动?教师在教学设计与实施、学校管理、课程开发、育人方式等方面有何创新突破?教师是否把过程中的失败视为创新的契机,是否为有可能出现的创新而更新认知、创设条件、营造氛围?……探索由这些疑惑生成的解决问题的新思路,是我们设计这个主题的初衷。

创新是个综合而复杂的话题,关乎文化传统和历史背景,也对接当下社会转型中的时代命题。教育创新涉及教育内外,需要跨行、跨界、跨领域地汲取他山之石。三月中旬,我们在杭州召开动员会,邀请了体制外的教育创新创业者分享他们的见解和行动。四五月份,我们跟各地负责教科研的组织者和指导者交流,一起摸索如何选材、如何表达、如何回应主题,一起面对同样的困惑。临近六月,我们与所有写作者一样忐忑,不知道会收到什么样的作品,不知道能否挖掘到这个主题之下应有的内容,不知道这些作品是否代表了教师群体的最高水平。在各种不确定中,我们依然确定了评审标准。在六月底和七月初,分别举行复评研讨会和终评研讨会,邀请学界的研究者、期刊界的同行、上海各区与江浙各市的院(所)长或科研主任参加评审。评审过程中,对于如何识别失败、究竟何为创新等问题,专家们交换了意见,也让我们主办方重新审视了这个主题。这种交流有助于融通理论和实践,澄清概念和行动的误区。

梳理今年征文写作的总体状况,可以分出三种类型或三个层次。第一种,把学生遇到的问题和困难看作失败。这类文章主要描述教师运用某种教学方法,如何一步步指导和帮助学生克服困难并解决问题。这种写法容易构思,但"失败"与"创新"之间缺少直接联系,实践反思的深度不足。第二种,教师的教学设计在实施中没有收到预期效果,于是对教法作出改进,使课堂变革得以可能。这种写法能够呈现一个相对完整的实践反思的过程。第三种,在失败中抓住可以引发积极意义的关键事件,以此作为后继教学改进的突破口,发掘创新的可能。这种写法较能呼应本次主题设计的意图。

在颁奖大会上,作为主办方之一的黄浦区教育局展示了关于创新教育的区域探索,中小幼校(园)长、教师代表各自呈现了校(园)本的做法与思考。此外,我们还邀请了江苏和浙江的两所学校进行分享和对话。尽管都是聚焦创新教育,但基于不同的背景和视角、不同的环境和机制,形成的成效也各不相同。正是这些不同,注解了创新的本义,投射出创新教育应有的追求。与以往的颁奖大会一样,除了表彰优秀写作者,我们依然引进学术的力量,希望在征文主题上有进一步的阐述和拓展,让所有参与者有再次提升的机会。今年,我们邀请了北京大学教育学院刘云杉教授,她带来了题为《从"跑得快"到"走得远"》的报告,从不同的视角和高度辨析了拔尖创新和人人创新的不同旨归。高水平学者的报告,除了分享深刻的观点和典型的案例,更重要的是给出提炼问题和分析问题的框架,这种思路值得教师和科研人员在实践中不断反刍。

感谢黄浦区教育局与黄浦区教育学院,当行政力量与专业力量互信合作,通过征文引领教师专业发展的共同目标才成为现实。感谢深度卷入这项工作的上海各区和长三角各市的科研负责人,他们是征文活动得以落地的直接组织者和指导者。感谢受邀参与策划和评审的专家学者,他们的智慧贡献加持了本次征文的分量。感谢每一位提交作品的校(园)长、教师和其他研究人员。逾万人写作,几百人获奖,这是一程并不轻松的专业发展之旅,这是一份跳出日常的职业追求,这是一张写给教育本身的答卷。

每一年,获奖的作者在变。每一年,合作的出版社没有变。这份不确定性中的稳定性,是双方在多年合作中生成的信任和默契。感谢华东师范大学出版社教心分社彭呈军社长,他总是以学者的见识和市场的眼光对主题和书名进行把关;感谢责任编辑白锋宇老师持续给予的专业支持,是她的尽责与督促让这些优秀作品得以顺利出版。

吴宇玉<br>上海市教育科学研究院普通教育研究所

# 长三角教育科研丛书
# 助力教师科研写作

## 2010—2019

## 2020—2023

教育现代化的微视角

教育活力的新视域

温暖的教学

失败与创新
让学生敢于创新的15种样态